MANLIK • DONAUÜBERGÄNGE

KARLHEINZ MANLIK

DONAUÜBERGÄNGE IN ÖSTERREICH

Geschichte und Technik der
Fähren und Brücken
über die österreichische Donau

LANDESVERLAG

1. Auflage (1994)
Gedruckt in Österreich
Lektorat: Iris Gahleitner, Wien
Umschlaggestaltung: Herbert Manlik, Wien
Gesamtherstellung: LANDESVERLAG Druckservice Linz

ISBN 3-85214-615-1

Gefördert durch:

DONAUKRAFT AG
Saubere Energie, Saubere Umwelt.

OÖ. Landesregierung
Magistrat der Landeshauptstadt Linz
NÖ. Landesregierung
Raiffeisenlandesbank Oberösterreich
SBL-Stadtbetriebe, Hafen Linz
DDSG Cargo Gmbh. Agentie Linz
Donauschiffahrt Wurm + Köck Passau
Stadtgemeinde Tulln

Ohne diese Förderungen hätte „Donauübergänge in Österreich“
nicht in Druck gehen können.

Inhalt:

Vorwort

Als ich mich zum Schreiben dieses Buches entschloß, wußte ich natürlich, daß es zahlreiche Artikel über Überfuhren und Brücken längs der Donau gibt. In vielen Gemeindechroniken finden sich Abhandlungen geschichtlicher, aber auch technischer Art über lokale Übergänge. Auch die Festschriften anläßlich von Brückeneröffnungen bieten dem Interessierten Einblick in dieses Gebiet, und schließlich sind die einschlägigen Fachzeitschriften besonders durch ihre bautechnischen Berichte Grundlage für das Wissen über den Brückenbau.
Eine Zusammenfassung der Donauübergänge in Buchform soll ein Versuch sein, die Donau, die manchmal trennt, aber durch ihre Übergänge auch Verbindungsglied ist, kennenzulernen.
Ursprünglich war mein Gedanke, alle Fähren und Brücken, von der Frühzeit bis heute, in einem Band zu beschreiben. Ein erster Blick in die verschiedensten Unterlagen belehrte mich eines Besseren. Der Bereich vom Donauursprung zur Staatsgrenze bei Passau ist so reich an – wenn auch kleinen – Übergängen, daß es eines eigenen Buches bedarf. Ab Preßburg werden die Stromübergänge, bedingt durch das Immer-breiter-Werden der Donau, weniger, die Brücken führen in größeren Abständen über den Strom, dafür sind es teilweise Monumentalbauten, die gerechterweise ebenfalls eine eigene Beschreibung verdienen.

So soll der vorliegende Band ausschließlich dem 364 km langen österreichischen Abschnitt der Donau gewidmet sein. Aber nicht ganz; zwei Brückenbauwerke, die unser Gebiet nicht berühren bzw. nicht berührt haben, sollen kurz beschrieben werden: die **Steinerne Brücke** zu Regensburg und die **Trajansbrücke** bei Turnu Severin. Diese beiden Brücken über die Donau sind einmal durch ihre Bauweise, zum anderen durch ihre Geschichte so mit dem Strom verbunden, daß sie den Abschluß für dieses Buch bilden sollen.

Besonders möchte ich darauf hinweisen, daß viele Abschnitte in diesem Buch Auszüge aus am Anfang erwähnten Chroniken, Festschriften und Fachblättern wiedergeben, weil ich der Meinung bin, daß prägnante Darstellungen durch bloße Satzumstellungen nur entwertet würden.
Kapitel, die zur Gänze Zitate von Fachleuten beinhalten, weisen besonders darauf hin. Das Verzeichnis aller zur Verwendung gelangten Unterlagen und seiner Autoren befindet sich am Ende des Buches.

Karlheinz Manlik, April 1994

Standorte der Donauübergänge im Bereich der österreichischen Donau

Die Donau ist als einziger Strom Europas in umgekehrter Richtung – also nicht stromabwärts – kilometriert: Die Kilometermarke Null befindet sich auf der Mole von Sulina, also neben der Mündung des mittleren der drei Hauptarme des Donaudeltas. Dies sei der nachfolgenden Auflistung zur Verständlichmachung vorangestellt.

Fähre Obernzell	km 2210.100
Kw. Jochenstein	2203.330
Fähre Engelhartszell	2201.200
Fähre Niederranna**	2194.300
Brücke Niederranna	2194.000
Fähren (2x) Schlögen	ca. 2187.500
Fähre Obermühl	2177.440
Brücke Aschach	2160.000
Fähre Aschach**	2160.460
Kw. Wilhering-Ottensheim	2145.000
Fähre Wilhering-Ottensheim	2144.324
Nibelungenbrücke Linz	2135.108
Eisenbahnbrücke Linz	2133.832
Voestbrücke Linz	2132.700
Eisenbahnbrücke Steyregg	2127.676
Kw. Abwinden-Asten	2119.450
Fähre Enns-Mauthausen**	2112.344
Brücke Mauthausen E. u. St.	2111.045
Kw. Wallsee	2094.500
Fähre Grein**	2080.853
Brücke Grein	2080.800
Kw. Ybbs-Persenbeug	2060.420
Fähre Ybbs-Persenbeug**	2059.248
Fähre (Pers.) Marbach-Krummnußbaum	2049.797
Fähre (Auto) Pöchlarn-Kl. Pöchlarn	2044.875
Fähre Melk**	2036.080
Kw. Melk	2037.960
Brücke Melk	2036.000
Fähre Mitterarmsd.-Spitz (Auto)	2019.205
Fähre St. Lorenz-Weisskirchen (Auto)	2013.720
Fähre Rossatz-Dürnstein (Pers.)	2008.690

Brücke Mautern-Stein	km 2003.534
Eisenbahnbrücke Krems	2001.505
Neue Brücke Krems	1999.770
Fähre Zwentendorf-Altenwörth**	1987.804
Kw. Altenwörth	1979.830
Brücke Tulln E. u. Str.	1963.156
Kw. Greifenstein	1949.080
Fähre Klosterneuburg-Korneuburg**	1941-840
Nordbrücke Wien	1932.625
Floridsdorfer Brücke Wien	1931.690
Nordbahn-Brücke Wien	1931.205
Brigittenauer Brücke Wien	1930.500
Reichsbrücke Wien	1928.892
Praterbrücke Wien	1925.750
Stadlauer Ostbahnbrücke Wien	1924.960
Rohrbrücke (Barbara) Wien	1914.345
Fähre Deutsch-Altenburg**	1887.175
Brücke Deutsch-Altenburg	1886.250

**) aufgelassen

Brücken über die Donau

Die Nähe von Gewässern, besonders von Flüssen, war schon immer bevorzugtes Siedlungsgebiet. Jagd und Fischfang bildeten die Lebensgrundlage der Menschen, und langsam entwickelte sich das Handwerk und als logische Folge auch der Handel zwischen Siedlungsgruppen in näherer und weiterer Entfernung. Die anfänglich schützenden und lebensnotwendigen Gewässer waren aber nun Grenzen, die das Einander-Näherkommen unmöglich machten, zumindest sehr erschwerten.
So wie die Erfindung des Rades für das Land, war die Überlegung, daß schwimmendes Holz auf dem Wasser ein brauchbares Transportmittel darstellt, der Anfang einer ungeahnten Entwicklung. Aus dieser Sicht ist die Überwindung von Flüssen und Strömen mit Einbaum, Zille oder Rollfähre bzw. Drahtseilfähre – auch fliegende Brücke genannt – als Brückenfunktion im wahrsten Sinne des Wortes zu verstehen.
Erst nach und nach entstanden feste Brücken aus Holz und später auch aus Stein, Eisen sowie Beton. Die ersten Brücken aus Holz waren Handwerksarbeit und konnten trotz stabilster Bauweise den vielen Hochwässern und dem immer wieder auftretenden Treibeis nur kurze Zeit standhalten. Die Erhaltung und Erneuerung verursachte enorme Kosten, der Holzbedarf war groß. Die eingeforderten Mautgebühren deckten die Kosten kaum. Aber schon im frühen Mittelalter entstanden wahre Kunstwerke im Brückenbau – denken wir nur an die „Steinerne Brücke“ zu Regensburg, oder die Prager Brücke über die Moldau –, noch heute gelten sie als Wahrzeichen damaliger Brückenbaukunst und werden auch noch etliche moderne Bauwerke dieser Art überdauern.
Die Fähre oder Überfuhr ist bis in unsere Tage ein wichtiger Bestandteil der Verkehrswege, wenn auch ihre Bedeutung immer mehr abnimmt, je mehr feste Flußübergänge geschaffen werden. Diesem harten, früher aber sehr einträglichen Gewerbe ist immer schneller das Ende beschieden. Zum Betreiben der Überfuhr bedurfte es einer Berechtigung, der „Überfuhrgerechtigkeit“. Dies war eine landesherrliche Entscheidung – „Der Urvar“ –, sie war anfänglich Besitz des jeweiligen Landesfürsten.
Der vom Landesfürsten bestellte Fährmann, „Färge“ genannt, war der einzige, der gegen Lohn die schwere Tätigkeit ausführen durfte. Heute sind meistens die einzelnen Gemeinden Eigner dieser Fährbetriebe.
Auf der oberen und teilweise auch mittleren Donau sind noch etliche Rollfähren in Betrieb und sollten daher in die Betrachtung über Donaubrücken einbezogen werden. In unserer schnellebigen Zeit und im Zuge der allgemeinen Rationalisierung werden diese Relikte nach und nach verschwinden.
Der Vollständigkeit halber seien noch die Schiffsbrücken zu erwähnen. Diese bestehen in der Regel aus über den Fluß (Strom) verankerte Zillen oder Pontons,

über die Bohlen als Geh- bzw. Fahrbahn gelegt sind. Meistens finden sie bei Katastrophen, aber in großem Umfange bei kriegerischen Anläßen zur Truppenbewegung an das gegenüberliegende Ufer Anwendung. Die heutigen Pioniertruppen führen auch fertiges Brückengerät mit, um kleinere Übergänge zu erstellen. All diese Not- und Kriegsbrücken seien aber nur im Ansatz erwähnt.
Als der Eisenbrückenbau im 19. Jahrhundert seine Blütezeit erreichte, wurden die Fachwerksbauten zum Sinnbild der modernen Brücke. Doch auch diese Vormachtstellung mußte dem Fortschritt weichen, und heute überspannen Betonbrücken mit riesigen Spannweiten und sparsamstem Pfeilereinsatz unsere Ströme. Die Ingenieurkunst scheint ihren Höhepunkt erreicht zu haben, aber sicher werden auch diese Übergänge wieder technisch – und hoffentlich aber auch ästhetisch – übertroffen werden.

Die oberösterreichischen Donauübergänge

im Zusammenhang mit dem Fernstraßenwesen und dem Verkehrsmittelpunkt Linz (Ein geschichtlicher Überblick)

Die Donauübergänge der Nord-Süd-Wege drängen sich an der rund 50 km langen Stromstrecke zwischen dem Austritt der Donau aus dem Engtal Passau-Aschach und der Ennsmündung zusammen. Donauaufwärts von Aschach war das tief eingeschnittene, steilwandige Engtal ein natürliches Hindernis für den Durchgang des Nord-Süd-Verkehrs. Der Passauer Wald, der zwischen Ilz- und Mühlsenke an die Donau und mit dem Sauwald über die Donau vorstößt, lenkt die Hauptwege in die beiden Senken nach Ottensheim-Linz (bzw. Obernzell-Passau) ab. Unterhalb der Ennsmündung ist die Donau in der Machlandebene in zahlreiche Arme gespalten, von einem breiten Augürtel begleitet und daher schwer übersetzbar, anschließend hindert das Durchbruchstal zwischen Greiner Wald und Neustadtler Platte den Übergang des Fernverkehrs über die Donau. Die Nord-Süd-Fernwege verlaufen daher durch die Mühl- und Aistsenke und über den zwischen beiden Senken aufschwellenden Linzer Wald und überschreiten die Donau zwischen Aschach und Enns. Ihre Donauübergänge liegen entweder unmittelbar am Ein- oder Ausgang der Durchbruchsstrecken der Donau, wo das Donaugerinne noch zusammengefaßt und daher leicht überschreitbar ist und die Fernwege in den Strombuchten bequemen Zugang zum Strom finden (Aschach-Landshag, Wilhering-Ottensheim, Linz-Urfahr), oder an jenen Stromstellen, wo am rechten Donauufer die Niederterrasse möglichst nahe an den Strom herantritt und zusammen mit dem gegenüberliegenden Massivabfall gleichfalls das Stromgerinne stärker einengt (St. Peter-Steyreck, Raffelstetten-Luftenberg, Enns-Mauthausen).

Aschach-Landshag

Die Bedeutung des westlichen Donauüberganges des Eferdinger Beckens, Aschach-Landshag, darf nicht überschätzt werden. Landshag kann nur von den Fernwegen von Norden und Nordwesten her über die Wasserscheide von Windorf, den Höhenrücken zwischen Donau und Pesenbach und die steile Donauleiten erreicht werden. Hingegen ist es von seinem Nordost-Hinterland durch das Pesenbachtal abgeriegelt, das zwischen Gerling und dem Austritt in die Donauebene tief eingekerbt und unwegsam ist. Die Wege vom Nordosten her hätten außerdem auch noch die tiefen Talfurchen der Kleinen Rodl und des Eschelbaches übersetzen müssen, um auf kürzestem Weg zum Landshager Übergang zu gelangen. Landshag, dessen Donauüberfuhr seit dem Ende des 12. Jahrhunderts erwähnt ist, *c. 1190 portus contra Ahscha, 1359 das uervar ze*

Lantzhag, diente als Umschlagplatz für das engere Hinterland, während der wichtigste Ausgangspunkt der Mühlviertler Fernwege im Eferdinger Becken Ottensheim war. Im 18. Jahrhundert ist Landshag vorübergehend Legstätte für das Gmundner Salz; Salzstraßen von der Bedeutung der Ottensheimer Straßen haben aber von Landshag nie ihren Ausgang genommen.
Aschach war für den Donauverkehr wichtiger als für den Verkehr ins Mühlviertel. Man hat in Landshag den frühmittelalterlichen Donauumschlagplatz der Mühlsenke, Rosdorf, gesucht, im gegenüberliegenden Aschach das römische Joviacum. Beide Vermutungen sind wohl nicht zutreffend.

Eferding

Auch Eferding hatte als Ausgangspunkt des Übergangsverkehrs über die Donau nur örtliche Bedeutung. Die Stadt liegt zwar am Rande der zwischen Aschach- und Innbachmündung gegen die Donau vortretende Niederterrasse, ist aber fast 2 km vom Hauptgerinne der Donau entfernt, die hier in zahlreiche Seitenarme gespalten war. Weder am Eferdinger Urfahrplatz in Brandstatt, der auf einer kleinen Granitkuppe im Überschwemmungsgebiet liegt, noch am gegenüberliegenden Donauufer hat sich eine größere Urfahrsiedlung entwickelt.
In dem von der Gemeinde Goldwörth anläßlich der 100jährigen Selbständigkeit erschienenen Bändchen „Geschichtliches von Goldwörth und seiner Umgebung" 1980, schreibt der Verfasser, Herr Johann Luegmair, über Goldwörth: „... *In älteren Landkarten finden wir in Goldwörth eine Überfuhr eingezeichnet. Diese hatte in damaliger Zeit große Bedeutung, und der Überführer war mit seiner Arbeitszeit zeitweise voll ausgelastet. Durch die schon früher einmal stattgefundene Veränderung des Stromlaufes befand sich ein Teil der „Rutzinger-Au" am rechtsseitigen Donauufer, und der Überführer mußte die Leute zum Schlägern überführen, aber auch das geschlägerte Holz herüber bringen. Die Lage war günstig, da die Donau eine Einbuchtung hatte. Der Landesproduktenhändler Michael Haslmayr, Goldwörth 18, verlud dort in den 20er Jahren d. Jh. Äpfel auf Plätten und fuhr damit nach Wien.*
Als gegen Ende der 20er Jahre die Donaueinbuchtung durch einen Sporn abgeriegelt wurde, ließ man eine Einfahrtsöffnung für den Überführer frei.
Josef Schöppl und nach ihm seine Kinder brachten noch bis 1945 Personen mit einer Zille über die Donau. Schöppl, der auch Fischer war, wohnte mit seiner Familie in der Nähe der Anliegestelle, in einem auf einem Erdwall stehenden Holzhäuschen.
Nach dem Kriege 1939/45 wurde das Überführen von Personen von der russischen Besatzungsmacht – auf der anderen Seite waren die Amerikaner – gänzlich eingestellt."

Wilhering-Ottensheim

Der wichtigste Donauübergang des Eferdinger Beckens ist der Übergang von

Wilhering-Ottensheim. Ottensheim ist der natürliche Sammelpunkt der durch die Mühlsenke und den westlichen Linzer Wald ziehenden Nord-Süd-Fernwege. Die Wegrichtungen sind im Gelände sehr deutlich vorgezeichnet. Die nach Südosten bzw. Süden und Südwesten streichenden Täler des Eschelbaches, der Kleinen und der Großen Rodl vereinigen sich bei Rottenegg, von wo die Rodl in Südost-Richtung der Donau zustrebt, in die sie bei Ottensheim mündet. Über die Höhenrücken zwischen den tief eingeschnittenen Tälern ziehen auch die Fernwege gegen Ottensheim: Aigen – Neufelden – Rottenegg – Ottensheim (1142 *via regia*), Haslach – St. Peter – Rottenegg – Ottensheim, Friedberg – Helfenberg – Waxenberg – Gramastetten – Ottensheim (1259 *via que ducit Helfenberg,* 1210 Rodlbrücke in Gramastetten), Oberneukirchen – Gramastetten – Ottensheim (1287 *via silvarum*), Hohenfurt – Leonfelden – Zwettl – Geng – Gramastetten – Ottensheim (ca. 1380 Saumstraße). Von Süden her mündet gegenüber der Rodlmündung das Mühlbachtal ein, das die Verbindung mit der Traunebene bildet.
Der Donauübergang selbst ist sehr klar ausgeprägt. Bei Wilhering streckt sich der Kürnberg, etwas weiter donauaufwärts der Granitsporn von Fall gegen die Donau vor. Gegenüber erhebt sich der Rücken des Ottensheimer Schloßberges, weiten Überblick über die Donauebene gewährend, und ein kurzes Stück landeinwärts die hochwassergeschützte Kuppe von Höflein. Nach der Stromverwilderung der Donau im Eferdinger Becken ist hier förmlich eine Naturbrücke über das zusammengefaßte Donaugerinne vorgezeichnet. Zunächst scheint als Übergangsplatz und Donauladstätte am rechten Ufer nicht Wilhering (Ufer), sondern Fall die größere Bedeutung gehabt zu haben, wo sich das Ofenwasser wieder mit dem Hauptgerinne der Donau vereinigte.

Nach der Völkerwanderungszeit tritt der Donauübergang von Ottensheim sehr früh ins Licht der Urkunden: schon in den Kremsmünsterer Urkunden von 777, 791 und 802 ist die Siedlung an der Rodlmündung (*ad racotulu, in loco...Raotola, in rotala*) – der erste urkundlich genannte Ort des Mühlviertels! – Schauplatz hochentwickelten Wirtschaftslebens mit Winzern, Imkern, Fischern und Handwerkern. 904/06 nennt die Raffelstettener Zollordnung Rosdorf als Umschlagplatz des bairischen Salzhandels für das Gebiet der Mühlsenke, also als Ausgangspunkt von Handelssteigen nach Norden. Der Ort ist verschollen, seine Lage bisher nicht festgestellt, für die Lösung der Rosdorf-Frage kann aber vielleicht richtungweisend sein, daß in der Folge Ottensheim als wichtigster Umschlagplatz des Eferdinger Beckens auftritt und sich trotz der Nähe von Linz bis weit in die Neuzeit behauptet. Nicht zufällig, sondern in Erkenntnis der ausgezeichneten Verkehrslage macht sich – vermutlich bald nach den Ungarnkriegen – am Donauübergang von Ottensheim das große Rodungsgeschlecht der Herren von Wilhering ansässig, das von hier aus, den von Ottensheim in den Nordwald führenden Handelssteigen folgend, das Werk der Erschließung des mittleren Mühlviertels zwischen Rodl und Haselgraben in Angriff nahm.

Linz

In der Bucht von Linz-Urfahr liegt der Hauptübergang der westlichen Nord-Süd-Wege Oberösterreichs. Von Süden her gewährt das breite, vom Höhenzug von Kirchberg-Scharten und vom Westrand der Traun-Enns-Platte begrenzte Verkehrsband der Traunebene dem Landverkehr vom Pyhrn und aus dem Kremstal, aus dem Salzkammergut und von den Salzburger Pässen her einen ausgezeichneten Zugang in die Linzer Strombucht.

Hingegen hat Linz – im Gegensatz zu Enns – am Verkehr der Nord-Süd-Wasserstraßen keinen unmittelbaren Anteil, die Traun mündet so weit unterhalb von Linz in die Donau, daß sich neben der Donaulände in Linz eigene Länden an der Traunmündung (Zizlau, Raffelstetten) entwickeln konnten. Gegen Norden hin liegt der Linzer Übergang im Bereich des Linzer Waldes, der sich als mächtiger Keil hochgelegenen Landes gegen die Donau, und mit seiner Südspitze, dem Kürnberg, über die Donau schiebt.

Wichtiger für Linz wurden die schrägen Südwest-Nordost-Verbindungen zwischen der Donaubucht von Linz-Urfahr und dem östlichen Nord-Süd-Weg, der aus dem Raum von Enns-Mauthausen durch die waldärmere und daher verkehrsdurchgängigere Senkenlandschaft der Aistsenke und die südböhmische Pforte in das Becken von Budweis führt und eine viel günstigere Verbindung zwischen Donau und Moldau herstellt als die Fernwege des Linzer Waldes. Solche Schrägverbindungen führten durch die Wehrbachsenke über Schenkenfelden und Hellmonsödt zur Haselgrabenlinie, und von Freistadt über die Höhe von Neumarkt, durch das Gallneukirchner Becken und die Verkehrspforte der Trefflinger Senke unmittelbar in die Donaubucht von Linz-Urfahr. Linz vermochte mit Hilfe dieser Verbindungen den durch die Südböhmische Pforte ziehenden Verkehr um so leichter auf sich abzulenken, als es im Gegensatz zu Enns, dessen Überfuhrplatz und Donaubrückenkopf im Überschwemmungsgebiet des Ennsdeltas lag und dessen 1505 errichtete Donaubrücke daher bald wieder einging, nicht nur eine ideale Donauüberfuhr, sondern seit 1497 mit seiner Donaubrücke dauernd einen festen Stromübergang besaß.

Dank seines Donauüberganges und der vielseitigen Verbindungsmöglichkeiten nach Norden und Nordosten mußte also Linz mit dem Einsetzen eines dichteren Handelsverkehrs zum wichtigsten Ausgangspunkt der Nord-Süd-Fernwege des Mühlviertels werden; infolge der Unwegsamkeit des Donauengtales Wilhering-Linz fehlte ihm nur der günstige Zugang ins obere Mühlviertel, dessen Verkehr daher zunächst Ottensheim auffangen konnte.

Diese natürliche Verkehrsverteilung tritt uns bereits in den Raffelstettener Zollbestimmungen entgegen. Linz ist der Donauumschlagplatz für das Gebiet des Linzer Waldes (*silva boemica*) und der Aistsenke (*in Reodariis*), Ottensheims Vorgänger Rosdorf der Umschlagplatz für die Mühlsenke *(in Rotalariis)*; ist 904/06 Rosdorf Zollfiliale von Linz, so bleibt Ottensheim bis ins 18. Jahrhundert neben Linz wichtiger Knotenpunkt der Mühlviertler Handelsstraßen.

Enns hingegen ist nach der Aussage des Weistums von Raffelstetten Durchgangspunkt und Handelsplatz des Ost-West-Handels, der sich von seinem Mittelpunkt Regensburg donauabwärts über Enns bis nach Rußland erstreckte. Damit sind bereits im ältesten Dokument zur Handels- und Verkehrsgeschichte unseres Raumes jene verkehrsgeographischen Grundzüge angedeutet, die schicksalshaft die weitere Entwicklung der beiden Städte Linz und Enns bestimmen sollten:
Enns konnte seine Verkehrs- und Handelsgeltung am Ost-West-Weg nur so lange beibehalten, als sie nicht weiter donauabwärts gelegenen Rivalen, Krems und Wien, erlangten. Zur selben Zeit konnte Linz dank seiner günstigen Lage zum wichtiger werdenden Nord-Süd-Verkehr seine Stellung immer mehr stärken, dabei Enns auch die ihm verbleibenden Vorteile seiner Lage am östlichen Nord-Süd-Weg Oberösterreichs streitig machen und schließlich auch als politischer Vorort des Landes das Erbe der älteren Schwesterstadt antreten. Die Entwicklung beider Städte verläuft also entgegengesetzt.
Die Linzer Übergangsstelle ist von Natur aus eindeutig vorgezeichnet. Wo die Donau zwischen den steil zum Strom und einst ins Strombett selbst abfallenden Felswänden des Schloßberges und der Urfahrwänd in die Bucht von Linz-Urfahr eintritt, gewähren an beiden Donauufern die Niederterrassen den Fernwegen Zugang zum Strom, dessen Gerinne hier noch zusammengefaßt ist. Doch weicht die Niederterrasse des Linzer Ufers vom Fuß des Schloßberges weg sofort weit landeinwärts zurück; ihren Rand bezeichnet die Linie Hauptplatz – Pfarrplatz – Lederergasse – Posthof – Priemer – altes Stadion – Personalhäuser der Bundesbahn – St. Peter. Am Urfahrer Ufer geht der Terrassenrand zwischen Ottensheimer- und Rudolfstraße und weiter in der Richtung des Straßenzuges am Damm, um dann über Heilham – Dornach – Katzbach – Plesching in die Urfahrer Bucht auszubiegen. Alte Ortsbezeichnungen am rechten Donauufer, wie Hofberg, Heubühel und Bergln (für den einst steilen Abfall des Hauptplatzes zur Donau), Ludleck (Abzweigung des Seitenarmes der Ludl unterhalb des Donaubrückenkopfes), der alte Name des Posthofes, am linken Ufer die Namen der Urfahrer Stadtteile Am Gries (Obere Donaulände) und Unterfelbern, Unter den Felbern – die Felbern = Weiden, die hier als Uferschutz zur Festigung der Donaugstötten gepflanzt wurden, sind schon 1583 erwähnt –, lassen den Verlauf der alten Donauufer erkennen.
Die Stromverwilderung mit ihren zahlreichen Seitenarmen und ihrer ausgedehnten Haufenbildung begann also unmittelbar unterhalb der Stromenge, und die für den Fernverkehr geeignete Übergangsstelle war sehr schmal. Der Überfuhrplatz lag am Fuß des Schloßberges; als die Überfuhr 1497 durch eine Brücke ersetzt wurde, konnte der Brückenkopf nur ein kleines Stück flußabwärts verschoben werden.
Der Ortsname Furt unterhalb von Linz dürfte sich kaum von einer alten Donaufurt, einem Übergang aus dem Gebiet des Posthofes in die Pleschinger Bucht,

herleiten. Der Name bezeichnet vielmehr vielleicht die Stelle, an der die alte Straße Steyreck - Urfahr den östlichen Mündungsarm des Haselbaches durchfurtete. In ähnlicher Weise hat der Übergang der nahen Freistädter Straße über den westlichen Mündungsarm des gleichen Baches der hier entstehenden Ortschaft den Namen Steg (1332, 1405 Am Steg) gegeben.
Das Gebiet von Katzbach-Furt spielte erst viel später eine verkehrsgeschichtliche Rolle bei der Planung des Moldau-Donau-Kanals (als Ausgangspunkt der Kanaltrasse Josef Walchers durch den Haselgraben) und des von F. J. v. Gerstner trassierten Schienenweges Joachimsmühle bei Hohenfurt-Linz, dessen Endbahnhof am Ufer des Pleschinger Donauarmes zwischen Furt und Katzbach vorgesehen war.

St. Peter-Steyreck

Donauabwärts von Linz ergibt sich bei St. Peter-Steyreck, wo von Norden her der Pfenningberg, von Süden her die in den linken Mündungswinkel der Traun vorstoßende Niederterrasse das Donaugerinne wieder stärker zusammenfassen, ein geeigneter Übergangsplatz, der neben dem Linzer Hauptübergang Fernverkehrsbedeutung hatte. Der Verkehrsweg Hallstatt – Trauntal – St. Peter – Steyreck – Gusental – Freistadt – Kerschbaumersattel, bzw. Waldviertel, der nicht mit dem Hauptweg der Aistsenke, Mauthausen – Freistadt – Budweis zu verwechseln ist, stellt die kürzeste Verbindung von den Hallstätter Salzlagern ins Mühlviertel und nach Böhmen her. Er diente daher vermutlich seit ältester Zeit als Handelssteig aus den Alpen nach Böhmen, vor allem als Salzsteig. Seine Richtung in der Welser Heide ist bestimmt durch die urgeschichtlichen Siedlungsplätze Neubau und Scharlinz, von denen das letzte, eine alte Siedlung auf einer Insel besseren Bodens in der Heide, ein besonders vielseitiges Fundmaterial aufweist. Die seit 1938 geborgenen Gräberfelder von St. Peter-Zizlau beweisen die Besiedelung des Donauüberganges dieses Salzsteiges in der jüngeren Stein-, Bronze- und Hallstattzeit.
Vom Übergang von St. Peter nach Norden weist eine dichte Kette urgeschichtlicher Siedlungs- und Einzelfunde ins Gusental. In der La-Tène-Zeit werden die Funde in St. Peter-Zizlau spärlicher, der Verkehr scheint zurückgegangen zu sein oder sich mehr nach dem Linzer Donauübergang verlagert zu haben.
Der über St. Peter-Steyreck führende Fernsteig diente auch vom frühen Mittelalter bis zum 17. Jahrhundert als Weg der Salzsäumer. Erst nach dem Bau der Linzer Donaubrücke und dem Verbot des Saumverkehrs über die Welser Heide nach St. Peter begann dieser alte Salzweg seine einstige Bedeutung zu verlieren.
Auch im rechten Mündungswinkel der Traun lag eine alte Donauüberfuhr, Raffelstetten – Steining am Luftenberg. Gegenüber dem Luftenberg, der zwischen den Donaubuchten von Pulgarn und Gusen-Langenstein an die Donau herantritt, schiebt sich zwischen den Mündungen der Alta und des Ipfbaches die Höhenstufe von Raffelstetten an das rechte Donauufer vor. Die Donauüberfuhr, die sich

hier entwickeln konnte, ist 1378 erstmalig genannt. Doch lag die Hauptbedeutung Raffelstettens nicht im Übergangsverkehr über die Donau, der allerdings bis ins 16. Jahrhundert im Salzhandel eine gewisse Beeinträchtigung für Linz und Enns bildete. Wichtiger war Raffelstetten, 904/06 Tagungsort der berühmten Zollverhandlungen, für den Schiffsverkehr der Donau und Traun als günstigste Landstelle zwischen Traun- und Ennsmündung. In der Gmundner Salzschiffahrt hat Raffelstetten neben den beiden Umschlagplätzen Zizlau und Enghagen bis ins 17. Jahrhundert eine Rolle gespielt.
An allen Übergangsplätzen der Traunmündung entstanden im Mittelalter Befestigungsbauten: am Überfuhrplatz von St. Peter, beim Seyrlufer, lag der Turm von Lonsdorf, am linken Donauufer erhoben sich die Burgen Steyreck und Luftenberg, bei Raffelstetten konnte ein an der Altamündung liegendes, 1445 bezeugtes Hochhaus, das heutige Hochhausergut, der Sicherung des Donauhafens und des Übergangsplatzes gedient haben.

Die Übergänge an der Ennsmündung

Im Bereich der Ennsmündung, wo die Wege aus der Aistsenke auf die Donau treffen, liegen mehrere Übergangsplätze.
Unterhalb des Luftenberges weicht der Massivrand zurück und bildet die Bucht von Gusen. Östlich von der Gusenmündung tritt felsiges Gelände an die Donau. Der Granitsporn an der Mündung des Köselbaches in den nördlichsten (Spielberger) Donauarm, der das Dorf Gusen trägt, heißt der Stein, die Häuser Nr. 20 und 24 in Gusen Steinhäusl, die Au südöstlich von Gusen Steinerau. Die anschließende Siedlung Langenstein führte die alte Bezeichnung Stein (*c. 1230 Stein, c. 1270 villa Stayn, c. 1475 Stain, 1565 Zum Stein bei Spielberg*). Der Granit bildet hier auf der Stromsohle zahlreiche Klippen und in der Strommitte die Felsinsel Spielberg, die die Donau in zwei Hauptarme teilte. Spielberg war eines der gefürchtetsten Schiffahrtshindernisse der Donau, ähnlich dem Strudel. Die Fahrt durch den mit Klippen durchsetzten nördlichen Spielberger Donauarm war mit großen Gefahren verbunden, während der südliche (Enghagner) Arm, der wie im Struden als Hößgang bezeichnet wurde, wegen seiner geringen Wasserführung nicht immer benützbar war.
Die Hauptauffahrt wechselte hier wiederholt, so daß die Zugehörigkeit Spielbergs, ob zum Mühlviertel oder Traunviertel, umstritten war.
Erst die Stromregelung des 19. Jahrhunderts verlegte die Schiffahrtsrinne in den einstigen Enghagner Arm, Spielberg liegt jetzt weitab von der Donau, der Spielberger Arm ist heute stark verlandet.
Die Insel erleichterte den Übergang aus der Gusenbucht, die urgeschichtliche Funde von der älteren Steinzeit bis zur Hallstattzeit aufweist; der Urfahrplatz am linken Ufer war Langenstein, der des rechten Ufers lag im Zwickel zwischen Enghagner Donauarm und Kuhwampe. Die Insel wurde schon früh im Mittelalter befestigt, die Herren von Spielberg sind 1159, das *castrum* Spielberg seit dem 13.

Jahrhundert genannt, *1366 als vest Spielberg gelegen bey Enns in mitten der Tunawe.* Der wichtigste Platz ist alter, landesfürstlicher Besitz, im landesfürstlichen *Urbar* aus der Zeit Ottokars um 1270 ist ein *officialis de insula quadam in Spilberch,* und unter den Abgaben der *villa Stayn* (Langenstein) die Abgabe des *Fergen (Dietlo Verge de passagio et media area que est regis, medium tal.)* angeführt.
Die Langensteiner Überfuhr ist also bereits vor den Überfuhren von Raffelstetten (1378) und Mauthausen (1386) genannt.
Der seit dem späten Mittelalter wichtigste Donauübergang, Taborinsel-Mauthausen, lag unmittelbar an der alten Ennsmündung. Das Mauthausener Urfahr, *1386 dacz Vrfar auf der Stetten,* befand sich in Ufer oberhalb Mauthausens, noch im Bereich des Engtales am Fuß des hier steil zur Donau abfallenden Massivrandes, des Hochfelds (362 m). Von Norden her war die Überfuhrstelle schwer erreichbar; das etwas oberhalb von Ufer einmündende enge Tal des Marbachs bot keinen geeigneten Zugang. Der von Mauthausen nach Norden ziehende mittelalterliche Fernweg, die Salzstraße Mauthausen – Ried – Wartberg – Pregarten – Kefermarkt – Freistadt mußte in steilem Anstieg über den Kirchenberg von Mauthausen die Höhe des Granitmassivs gewinnen. Erst in der zweiten Hälfte des 18. Jahrhunderts wurde die Straße Mauthausen - Freistadt in mäßigerer Steigung östlich von Mauthausen über Zirking und Hochstraß geführt.
Sehr ungünstig für den Überfuhrverkehr waren die Uferverhältnisse am rechten Donauufer. Zwischen der Niederterrasse von Lorch und der Donau liegt ein über zwei Kilometer breites, hochwassergefährdetes Gebiet. Die Donau und Enns verzweigten sich hier in zahlreiche Seitenarme, die Enns mündete bis 1817 in mehreren Armen in die Donau, deren östlichster an Piburg vorüberfloß, während der westliche Hauptarm bei Enghagen mündete. Der einzige erhöhte und geschützte Punkt war die Taborinsel, die jedoch, von Donau- und Ennsarmen umflossen, mitten im Ennsdelta lag und nur mittels mehrerer Brücken erreichbar war. Während an der Traunmündung die alten Orte St. Peter, Zizlau und Raffelstetten entstanden, liegt im westlichen Mündungswinkel der Enns keine alte Siedlung an der Donau.
Die Kette der Altsiedlungen zieht von Raffelstetten landeinwärts nach Lorch. Enghagen, der Hafen von Enns, wurde 1340 errichtet, nachdem sich die Gmundner Salzfertiger geweigert hatten, den alten Ennser Donauhafen in der Vorstadt Reintal, der die Einfahrt der Salzschiffe in die Enns notwendig machte, weiter zu benützen.
Erst nach der Gründung von Enghagen und der Zunahme der Salzverfrachtung von Gmunden ins untere Mühlviertel dürfte der Übergangsverkehr zwischen Enns und Mauthausen größere Bedeutung erlangt haben. Unter den ungünstigen Geländeverhältnissen des Mauthausener Überganges litt, wie schon erwähnt, auch die Donaubrücke von Enns-Mauthausen, deren Brückenköpfe auf der Taborinsel und oberhalb des Schlosses Pragstein lagen.

Die heutige Zufahrtsstraße von Enns zur Donau und die Fliegende Brücke wurden erst 1828, nach der Regelung der Ennsmündung, angelegt. Mauthausen hat zunächst nicht im Übergangsverkehr, sondern als Lände und Mautstation der Donauschiffahrt Bedeutung erlangt. In den landesfürstlichen Urbaren des 13. Jahrhunderts ist die Mauthausener Überfuhr nicht genannt, hingegen schon unter Leopold V. (1174–1194) die Mautstätte.

Unterhalb der Ennsmündung lagen die Überfuhrplätze Piburg-Albern und Stein (Albing)-Au. Bei Mauthausen zweigte der Albener Donauarm (Reifersdorfer Rinnsal) ab, der den westlichen Mündungsarm der Aist, die obere Aist, aufnahm und sich bei Au wieder mit dem Hauptgerinne vereinigte. Die volle Stromverwilderung der Donau setzte erst unterhalb von Au ein. Hier zweigte der Seitenarm des Kramers ab, der sich bis gegen Ruprechtshofen hinzog und den östlichen Mündungsarm der Aist, die niedere Aist (Mühlbach) aufnahm. Unmittelbar im Aistdelta konnte sich nahe dem Hauptgerinne die alte Donausiedlung Au entwickeln. Gegenüber der Aistmündung entstanden auf einer an die Donau herantretenden Geländestufe die alten Urfahrsiedlungen Piburg und Stein; der zweite Name weist auf festeres Ufergelände.

Im Bereich der Aistmündung erreichten zwei alte Fernwege des Mühlviertels die Donauebene. Bei Poneggen, nördlich von Au, steigt eine alte Trasse der vom Kerschbaumer Sattel kommenden böhmischen Straße, die von Freistadt über Pregarten und die Höhen zwischen Aist und Poneggenbach verlief und hier 1378 mehrfach beurkundet ist, in die Machlandebene herab. Von Nordosten zieht der Hauptstrang der Waldviertler Straße, der uralten Straße durch den Königswiesener Wald heran, die über Großgerungs – Königswiesen bzw. Unterweißenbach – Zell – Windeck – Schwertberg führte, um 1230 urkundlich erwähnt ist und ebenfalls bei Poneggen in die Ebene eintrat. Von hier konnte der Verkehr dieser beiden Fernwege sowohl den Übergang von Au wie den von Mauthausen (über Zirking) erreichen.

Die günstigeren Uferverhältnisse im östlichen Mündungswinkel der Enns lassen vermuten, daß die Übergänge von Piburg und Stein im Fernverkehr Lorch – Mühlviertel eine Rolle spielten. Aus dem Raum von Lorch nahm die Erschließung des unteren Mühlviertels ihren Ausgang. Von den drei Klosterstiftungen des größten Rodungsgeschlechtes des unteren Mühlviertels, der Herren von Perge, Machland und Clam, liegt Erla im alten Stammland südlich der Donau, Baumgartenberg und Säbnisch-Waldhausen wurden im neugewonnenen Land nördlich der Donau gestiftet. Auch die passauische Kolonisation griff hier schon früh über die Donau, 823 sind neben Lorch und St. Florian als Passauer Besitz Ried, Naarn und Saxen genannt.

Dreißig Jahre später, im Jahr 853, erhält Regensburg den großen Landstreifen zwischen Aist und Naarn, von der Donau bis in den Nordwald hinein. Au wurde dadurch zur Donauladstätte des Regensburger Gebietes. Die Ladstatt von Au lag am Pesmaltach (Pesumoldach), im Delta zwischen oberer und niederer Aist.

Die Habsburger gaben das während der Regierung Ottokars entfremdete Gebiet wieder an Regensburg zurück, versuchten aber die landesfürstliche Ladstätte Mauthausen durch das 1378 erneuerte Verbot der Ladstätten Au und Albern zu schützen. Zum Regensburger Besitz gehörte auch das Urfahrrecht von Au. 1449 besaß Regensburg dieses und zwei Güter am rechtsufrigen Urfahrplatz in Albing, 1525 das Urfahrrecht in Au, Güter in Albern und das Urfahr in Piburg.
Trotz aller Verbote hat Au sein Ladstatt- und Urfahrrecht gegen die Vorstöße von Enns und Mauthausen lange behauptet; wenn es auch nicht Markt wurde, besaß es doch marktähnliche Eigenschaft und ein eigenes Wappen.
Bemerkenswert ist die Namensähnlichkeit der Übergangsplätze Albing und Albern, die die Zusammengehörigkeit der Urfahrsiedlungen andeutet. In ähnlicher Weise kommt am Übergang von St. Peter der alte Name Tabersheim für beide Urfahrsiedlungen vor.
Piburg ist schon 899/903 (*locus qui Pipurc nuncupatur*) und im 12. Jahrhundert (*biburc*) erwähnt, sein Name weist auf eine alte Befestigung des Überganges. Urgeschichtliche Funde liegen vor aus Enns, Enghagen, Mauthausen, Haid, Schwertberg und Poneggen.

Soweit der geschichtliche Streifzug, der die Lage und die Bedeutung der Stromübergänge im Raum des heutigen Oberösterreich von den Anfängen bis ins 19. Jahrhundert aufzeigt. Es ist ein Auszug aus dem Bericht: „Die Linzer Fernstraßen". Ein Beitrag zur Verkehrsgeschichte von Linz. Der Verfasser ist der Linzer Historiker Franz Pfeffer, der Artikel erschien im „Jahrbuch der Stadt Linz 1953".

Die Donaubrücke Niederranna

Im Jahre 1969 wurde im Rahmen der bayrisch-österreichischen Verkehrskonferenz die Schaffung eines festen Donauüberganges im Raum von Engelhartszell erwogen. Die in den folgenden Jahren von der Landesbaudirektion der Landesregierung von Oberösterreich durchgeführte Standortuntersuchung konzentrierte sich vor allem auf den Raum Engelhartszell – Niederranna. Nach Prüfung von insgesamt sieben Brückenstandpunkten wurde auf Grund technischer und wirtschaftlicher Überlegungen Niederranna gewählt.
Durch diesen Stromübergang ist ein wesentlicher Schritt im Ausbau der Verkehrsverbindung zwischen Inn-, Hausruck- und Mühlviertel getan.

Donaubrücke Niederranna. Gesamtansicht

Der Spatenstich fand am 20. Oktober 1978 statt, und am 17. Oktober 1980 wurde das Bauwerk eröffnet. Die Bauausführung wurde der ARGE Donaubrücke Niederranna, bestehend auf den Firmen Voest-Alpine, Wiener Brückenbau und Neue Reformbau, Wien, übergeben, die eine Stahlverbundbrücke erstellten. Die Voest-Alpine projektierte die Verbundbrücke über drei Felder mit variabler Trägerhöhe. Die Gesamtlänge beträgt 319 Meter, zwei Strompfeiler unterteilen den Bau in eine Mittelstützweite von 137 Meter und links und rechts 91 Meter für die Durchlässe. Die Strompfeilergründung erfolgte mittels Caisson, das Widerlager Wesenufer wurde als Flachfundierung auf stehendem, stark kluftigem, teilweise verwittertem Granit erstellt. Der Pfeiler und Widerlager Niederranna sind als

Pfahlgründung mit Großbohrpfählen errichtet. Die Gesamtbreite von 13,5 Meter wird für die Fahrbahn von 9 Meter und zwei Gehsteige von je 2,25 Meter ausgenützt. Die Baukosten betrugen 86 Millionen Schilling.

Die Überfuhr Aschach

Römische Funde zwischen Landshag und Neuhaus, St. Martin i. M. und St. Veit i. M. lassen vermuten, daß schon zur Römerzeit ein Verkehr zwischen dem Nordufer und Joviacum (Eferding) bestanden hatte. Wie im geschichtlichen Absatz schon erwähnt, trat im späteren Fernverkehrsnetz durch das Fehlen einer Hauptverbindung aus dem Süden Aschach in den Hintergrund. Der örtliche Verkehr Aschach-Landshag behielt aber seine Bedeutung. Die Aschacher *„Fergenordnung"* von 1512 bescheinigt die enorme Vielfalt der beförderten Waren durch die Aschacher Überfuhr.

Am 7. September 1854 konnte eine moderne Überfuhr eröffnet werden. Es war eine „Fliegende Brücke", die nicht mehr mit frei fahrenden Schiffen den Strom überquerte, sondern das Überfuhrschiff wurde an ein Seil gehängt (in Aschach war es 1854 eine Stangenkette). Diese befestigte man an einer Zille, die oberhalb des Fährprofils im Strom verankert war. Die Kette (Seil) hatte eine Länge von ca. 300 Meter und mußte mittels einiger Zillen über Wasser gehalten werden.

Der Marktkommune Aschach fehlte es aber am Geld, und so wurden die Baukosten von 13.707 Gulden von der im Sommer 1854 gegründeten Brückenbaugesellschaft aufgebracht. Neben bekannten Aschacher und Landshager Gesellschaftern war auch der Linzer Schiffmeister Ignaz Mayr, der spätere Gründer der Linzer Schiffswerft, zu finden. Durch eine steigende Frequenz erwirtschaftete die Gesellschaft hohe Gewinne, und die Aschacher Geschäftswelt freute sich über die zunehmende Besucherzahl.

Das Fährschiff der „Fliegenden Brücke" im Jahre 1853. Aschach

1905 lief die bei Baubeginn festgelegte Frist von 50 Jahren für die Konzession ab, und die Marktgemeinde Aschach konnte gegen eine Ablöse von 5.500 Kronen die Überfuhr in ihr Eigentum übernehmen. Noch im gleichen Jahr wurde bei der Linzer Schiffswerft ein neues Fährschiff in Auftrag gegeben und am 22. September 1905 nach Aschach gebracht. Das eindrucksvolle Schiff war 25 Meter lang, 14 Meter breit und hatte eine Plattformhöhe von 2,5 Meter. Es war bereits eine „Rollfähre", deren Seil 314 Meter lang war. Die beiden, 16,5 Meter hohen Seiltürme ruhten auf festen Fundamenten links und rechts der Stromufer.

Bei Eistreiben mußte bis zuletzt mit „Mutzen" übergefahren werden. (Johann Rath, 1948)

Am 1. Oktober 1905 wurde die mit einem Kostenaufwand von 60.000 Kr. erneuerte Fähre feierlich eingeweiht und dem Verkehr übergeben.

Im zweiten Weltkrieg, 1940, mußten die Seile (das Spannseil und das 120 Meter lange Gierseil, an dem die Fähre hing[1]) ausgewechselt werden, und 1953 ersetzte man das Fährschiff neuerlich. Wieder lieferte die Linzer Schiffswerft ein modernstes Schiff mit einer 182 m^2 großen Plattform, die 450 Personen Platz bot. Obwohl nur um einen Meter länger als die alte Fähre, war sie die größte Seilfähre Österreichs.

Durch den breiten Aschacher Hafen war schon immer eine gewaltige rechtsufrige Landbrücke notwendig. 1951/52 mußte die schöne Holzkonstruktion ersetzt werden. Die moderne Landbrücke, eine von der Schiffswerft gebaute Stahlkonstruktion, ruhte auf Betonpfeilern und ließ die markante Brücke noch länger erscheinen.

Aschach konnte sich aber nicht lange an seiner erneuerten Überfuhr erfreuen. Das Jahrhunderthochwasser 1954 brachte die Gemeinde zum Verzweifeln: Die insgesamt 3 Millionen teure Investition schien verloren. Am 10. Juli, vormittags um 9.30 Uhr, wurde die Betonbrücke weggerissen und eine Stunde später auch die ebenfalls neuerbaute linksufrige Brückenauffahrt abgetrieben. Die Fähre selbst konnte man sicher verheften. Man hatte mit der amerikanischen Besatzungsmacht verständlicherweise keine besondere Freude, damals war es aber den Amerikanern mit ihren Pionieren zu verdanken, daß die Aschacher Überfuhr am 13. März 1955 neuerlich dem Verkehr übergeben werden konnte.

Der Aschacher Kraftwerksbau der DOKW hat letztendlich den Bau der Straßenbrücke ins Gespräch gebracht und schließlich auch ermöglicht.
Der 16. Dezember 1962 – der Eröffnungstag der Aschacher Donaubrücke – war zugleich der letzte Tag der Aschacher Rollfähre. Sie wurde um mehr als eine Million Schilling an die Baron Tinti'sche Gutsverwaltung für den Fährdienst in Pöchlarn verkauft. Nach dem Bau des Kraftwerkes Melk mußte sie abermals weichen.
Der Schiffskörper wurde als Ponton von der DOKW verwendet, und am 9. November 1963 nahm man die Fährseile ab und entfernte den Seilturm.

Anmerkung:
[1]) Die Gesamtlänge des Seiles betrug 416 Meter, die oben angeführten 314 Meter beziehen sich auf die Spannweite zwischen den Türmen.

Die Landbrücke Aschach. 1951/52 wurde die Holzkonstruktion der Landbrücke durch eine auf Betonpfeilern ruhende Stahlbrücke ersetzt. Dahinter noch die alten Holzjoche.

Die Donaubrücke Aschach

Bei den ersten Plänen für einen festen Donauübergang von Aschach handelte es sich um Eisenbahnprojekte. Sie reichten bis 1870 zurück. Erst 1914 war auch von einer Fahrbrücke die Rede. Aber der erste Weltkrieg verhinderte alle diese Projekte.

Bei der Planung des Kraftwerkes Aschach kam die Erwägung einer Verbindung zwischen Kraftwerk und Brücke zur Sprache. Die Kraftwerksbauer waren aber aus Gründen der Sicherheit dagegen. Sie fürchteten die Gefährdung der Wehranlagen und des Kraftwerkes durch Lkw, die durch Gleiten (Glatteis) das Geländer durchschlagen und dadurch die Anlagen beschädigen könnten. Auch die Überlegung, eine Brücke über eine Kraftwerksanlage müsse wirtschaftlicher sein als eine freie Strombrücke, konnte von den Kraftwerksbauern zumindest in diesem Fall widerlegt werden: eine Kraftwerksstufe an der Donau hat eine Längenentwicklung von ca. 500 Meter. Die Brücke muß aber gleich lang sein, während über freiem Strom die Brückenlänge von Ufer zu Ufer im allgemeinen mit 240 Meter angenommen werden kann. Eine doppelte Brückenlänge bringe daher keine wesentliche Kostenersparnis.

Die Straßenbrücke in Verbindung mit der Kraftwerksstufe Ybbs-Persenbeug ergab sich aus früheren Entwürfen und konnte, weil schon ein Bestandteil der Anlage, nicht mehr herausgenommen werden.

In Aschach wurde daher getrennt geplant und gebaut. Am 29. April 1960 hielt man eine wasserrechtliche Vorverhandlung ab, um die Wünsche und Einwände der Interessenten und Anrainer kennenzulernen. Eine wesentliche Forderung der Donauschiffahrt war, daß die Flußöffnungen mindestens 60 Meter betragen

Die Aschacher Donaubrücke.

müssen und die Konstruktionsunterkante nicht tiefer als 8 Meter über dem höchst schiffbaren Wasserstand liegen dürfe (entsprechend der Abmachung mit Internationalen Donaukommission). Man entschloß sich zur Errichtung einer sogenannten Dreifeldbrücke, die Auftragsvergabe erfolgte am 19. Dezember 1960, und die Bauausführung wurde der ARGE des Donaukraftwerkes Aschach in Bietergemeinschaft mit der VOEST übertragen.
Am 16. März 1961 veranstaltete man anläßlich des Einschwimmens des ersten Caissons die Spatenstichfeier.
Die beiden Flußpfeiler konnten bis Juni 1961 in voller Höhe fertiggestellt werden. Die Stahlcaissons von je 42 Tonnen Gewicht hatten eine Grundfläche von 7,00 x 14,00 Meter und waren 4 Meter hoch. Diese Caissons wurden nach dem Absenken mit Beton ausgefüllt und dienen so als Pfeilerfundamente.
Das eigentliche Brückenbauwerk überspannt die Donau in drei Öffnungen von 96,32, 132,44 und 96,32 Meter, somit mit einer Gesamtstützweite von 325,08 Meter. Die Breite setzt sich aus 8,10 Meter Fahrbahn und zwei Gehsteigen von je 1,5 Meter zusammen.
Mit einer Vorlandbrücke, die aus verschiedenen Gründen notwendig geworden ist, erreicht das Gesamtbauwerk die Länge von 460 Meter. Die Vorlandbrücke überbrückt den 120 Meter langen Abschnitt in sieben Feldern, deren Einzelstützweiten 13,80 + 5 x 17,68 + 13,80 m betragen.
Die beiden Pfeiler der Strombrücke wurden nach Modellversuchen mit tropfenförmigem Querschnitt ausgebildet.
Mit den Arbeiten an den Pfeilern hatte man im Jänner 1961 begonnen, am 16. Dezember 1962 war die Brücke fertig. Keine zwei Jahre hatte man für den Bau gebraucht. Die Gesamtkosten beliefen sich auf 43,7 Millionen Schilling.

Die Überfuhren Wilhering – Ottensheim

Vor 120 Jahren erteilte die Statthalterei des Erzherzogtums Oberösterreich der damals neugegründeten Überfuhrgesellschaft die Fährkonzession zwischen Ottensheim und Wilhering. Doch viele Jahrhunderte vor dieser Gesellschaftsgründung bestanden zwischen Ottensheim und Wilhering Überfuhrmöglichkeiten. War doch bis zur Donauregulierung in der Mitte des vorigen Jahrhunderts zwischen Aschach und Linz in Ottensheim die einzige Engstelle, um vom Mühlviertel in den südlichen Landesteil zu kommen. Auf der linken Uferseite versperrte der sogenannte „Schröckenstein" in Dürnberg bei der ehemaligen Schiffsmühle den Landweg nach Urfahr. Der Schröckenstein ragte vom Schröckingergut in Dürnberg bis hinein in das Flußbett der Donau. Es mußten damals alle Waren aus dem Mühlviertel, und jene Güter, die aus Böhmen über die Saumwege zur Donau nach Ottensheim gebracht wurden, von Ottensheim aus über die Donau weitertransportiert werden. Erst 1711 begann man über Betreiben des damaligen Abtes des Stiftes Schlägl und des Grafen Sprinzenstein den Schröckenstein wegzusprengen und den neuen Weg ins Mühlviertel zu errichten. Um den dadurch dem Stift Wilhering und seinen *Munichfergen* (Mönchs-Überführern), auch *Miniförgen* genannt, entgangenen Verdienst abzu-

Fähre Ottensheim. Landbrücke.

gelten, gewährte die landesständische Kasse eine Entschädigung von 3000 Gulden. Da für den neuen Weg eine entsprechende Maut zu entrichten war, wurde der bisherige *Miniförg* zum Einheben der Maut berechtigt.

Aber auch oberhalb von Ottensheim gab es bis Aschach keine günstige *„Urfer"* (Ausfahrmöglichkeit), da die Donau in diesem Bereich sich in viele kleine, seichte Arme verzweigte und das Flußbett sehr breit war. In den im Marktarchiv aufbewahrten Landkarten aus dieser Zeit sind viele kleine Inseln in dem breiten Flußbett eingezeichnet, die sich aber durch immer wieder auftretende Hochwasser stark veränderten. Erst durch die Donauregulierung, die zur Ermöglichung der damals entstandenen Dampfschiffahrt erforderlich war, verschwanden die Inseln. Das Flußbett wurde enger und damit tiefer gemacht. Erst damals entstand eine geschlossene Auenlandschaft. Bis zum Kraftwerksbau 1969 konnte man bei Aubegehungen die etwas höher gelegenen früheren Donauinseln und die früheren Gerinne, die als verlandete Gräben sichtbar waren, noch erkennen. In vielen Urkunden des Marktarchives Ottensheim und des Stiftsarchives Wilhering sind wichtige Hinweise auf die oft sehr strittigen, weil finanziell wertvollen Überfuhrrechte enthalten.

Interessant ist in diesem Zusammenhang, daß bis 1871 die Überfuhrrechte geteilt waren. Es durften die Ottensheimer nur Waren und Personen nach Wilhering, die Wilheringer nur Beförderungen nach Ottensheim durchführen. Erst mit der Verleihung der Konzession an die „Ottensheimer Drahtseilbrücke Sigl & Comp" im Jahre 1870 entstand das Recht, Personen und Güter hin und her zu befördern. Neben den Überführern, die zwischen Ottensheim und Wilhering den Verkehr besorgten, gab es in Ottensheim noch 13 *Marktfergen,* die in eine Art Genossenschaft zusammengeschlossen waren. In den alten Grundbüchern scheinen bei einigen Markthäusern noch die Bezeichnung *„Marktförgenhaus"* auf. Diese Marktförgen besorgten den Personen- und Güterverkehr nach Linz und zurück. Es wurden aber auch einzelne Fahrten in die Wachau und bis nach Ungarn durchgeführt. Mit der Eröffnung der Dampfschiffahrt nach 1837 kam auch der für die Ottensheimer Fergen sehr einträgliche Verkehr auf dem Wasserwege völlig zum Erliegen.

Neben den Zillen-Überfuhren im Marktbereich waren die Überfuhren beim Munichurfer in Dürnberg die wichtigsten. Sie wurden von Munich- oder Minifergen und vom *Lehnerfergen* durchgeführt. Das Haus Dürnberg Nr. 26 führt heute noch den Hausnamen „Miniförgenhaus" und das Haus Dürnberg Nr. 27 den Namen „Lehner in Förgen". Über diese Überfuhr mußten alle dem Stift Wilhering untertänigen Bauern des Mühlviertels ihren Zehent oder ihre Dienstabgaben an das Stift liefern. Aber auch die zahlreichen Wallfahrer, die zu verschiedenen kirchlichen Feiertagen zur Stiftspfarre pilgerten, mußten diese Überfahrgelegenheit benutzen. Mit der Aufhebung der Grundherrschaft im Jahre 1848 entfallen alle Naturalleistungen an das Stift Wilhering, sodaß auch die Wilheringer Überfuhren in Dürnberg ihren Posten verloren und den Dienst einstellten.

Übrig blieben nur mehr 2 Ottensheimer Überführer, nämlich der Unterferg (Haus Ottensheim Donaulände 23) und der Oberferg (Haus Ottensheim Donaulände 26).

Doch auch für diese beiden Unternehmer kam bald das Aus, denn die Zillenüberfuhr entsprach nicht mehr der wirtschaftlichen Entwicklung. Deshalb faßten in den 60er Jahren des vorigen Jahrhunderts einige Ottensheimer Bürger unter der Leitung des damaligen Brauereibesitzers Jakob Sigl den Plan, eine „Fliegende Brücke" zu errichten. Auch hier war, so wie in Aschach, der Linzer Schiffmeister Ignaz Mayer als Gesellschafter vertreten. Nach einigen Schwierigkeiten kam eine Gesellschaft, bestehend aus 27 Teilhabern, zustande, die ein Kapital von 14,200 Gulden aufbrachte. Nach Erteilung der Konzession am 12. 12. 1870 wurden das Fährschiff und die beiden Anlegestege in Auftrag gegeben. Bereits am 2. Juli 1871 wurde die neue Überfuhr mit einem großen Volksfest eröffnet. Die letzten beiden Fergen wurden als Fährmänner bei der neuen Überfuhr beschäftigt.

Der Geschäftsgang war aber nicht so gut, wie es sich die Gesellschafter vorgestellt hatten. Die Einnahmen reichten nicht einmal zur Zinsen- und Schuldentilgung aus. Eisstöße und Hochwässer verursachten zusätzlich große Auslagen. Als das Hochwasser 1882 die Landbrücke zerstörte, liquidierte die Gesellschaft mit 50 % und löste sich auf. In dieser Situation bemühte sich der Gemeindearzt kaiserl. Rat Dr. Nikolaus Ambos, neue Gesellschafter zu finden. Es wurde dann auch eine aus nur mehr 10 Personen bestehende Gesellschaft gegründet, die aber weiterhin den Firmennamen „Ottensheimer Drahtseilbrücke Sigl & Co." führte.

Die Anzahl der Gesellschafter hat sich im Laufe der Jahre durch Todesfälle und Übertragungen von Anteilen ständig geändert. 1933 schied der persönlich haftende Gesellschafter Franz Sigl aus und Herr Ambos trat an seine Stelle. Damit wurde auch der Firmenwortlaut in „Ottensheimer Drahtseilbrücke Hans Ambos & Co." geändert.

Nach der Enteignung des Stiftes Wilhering ist 1942 der Reichsgau Oberdonau als persönlich haftender Gesellschafter in die Gesellschaft eingetreten, der aber noch im selben Jahr die vom Stift Wilhering enteigneten 3 Anteile an die Marktgemeinde Ottensheim verkaufte. Die Marktgemeinde wurde dadurch bis zur Rückstellung der Anteile an das Stift Wilhering im Jahre 1948 persönlich haftender Gesellschafter in der Kommanditgesellschaft. Eisstöße, Hochwasser und laufende Reparaturen bereiteten der Gesellschaft, insbesondere aber den persönlich haftenden Gesellschaftern, immer größere Sorgen, zumal auch die Einnahmen mit den ständig steigenden Lohnkosten nicht Schritt hielten. So wurde bei der am 14. 9. 1958 stattgefundenen Generalversammlung die Umwandlung der Kommanditgesellschaft in eine Gesellschaft mit beschränkter Haftung beschlossen. Der Name der Gesellschaft änderte sich in „Ottensheimer Drahtseilbrücke Ges.m.b.H.".

Das seit 1871 mit wenigen Änderungen in Betrieb gestandene Fährschiff wurde

Fähre Ottensheim – Wilhering. Das Fährschiff wurde 1964 durch die Schiffswerft Linz erbaut.

von den Überwachungsbehörden als nicht mehr betriebssicher erklärt, weshalb die Gesellschaft in zahlreichen Beratungen nach neuen Möglichkeiten suchte. Da durch den Bau einer Donaubrücke in Aschach die dortige Überfuhr überflüssig wurde, dachte man zunächst an den Kauf dieses Fährschiffes. Auch an den Ankauf der alten Fähre von Pöchlarn war gedacht. Bei näherer Prüfung stellte sich aber heraus, daß auch diese beiden Fährschiffe nicht mehr zum Betrieb geeignet waren. Da es der Gesellschaft aber auch an Kapital mangelte, wurde wieder einmal die Liquidierung der Gesellschaft ins Auge gefaßt.

Zu diesem Zeitpunkt wurde die Marktgemeinde mit der kritischen Lage des Unternehmens konfrontiert, und der ehemalige Bürgermeister Walter Steiner versuchte, beim Land Oberösterreich finanzielle Unterstützung zu erhalten. Im August 1963 trat die Marktgemeinde Ottensheim als Gesellschafter ein.

Auf Grund eines Kostenvoranschlages der Schiffswerft Linz AG. konnte dieser am 18. September 1963 der Auftrag zum Bau eines neuen 40-t-Fährschiffes zum Preis von 1,270.000 Schilling zuzüglich der Lieferung eines Brückenhebebockes auf der Ottensheimer Seite um den Preis von 30.000 Schilling erteilt werden. Zusätzlich mußten noch die bisherigen hölzernen Standschiffe gegen Pontons aus Schiffbaustahl ausgewechselt werden. Durch den Eintritt der Marktgemeinde Ottensheim gewährte die oö. Landesregierung zur Finanzierung der Neuanschaffungen ein Darlehen in der Höhe von 300.000 Schilling, die Gemeinden Wilhering und Ottensheim je ein Darlehen von 100.000 Schilling, die Sparkasse

Ottensheim eines in der Höhe von 700.000 Schilling, wofür die Marktgemeinde Ottensheim die Haftung übernahm.

Das von der Schiffswerft Linz gebaute Fährschiff lief als 1172. Neubau seit der Gründung der Werft vom Stapel, seine Hauptabmessungen sind:

Länge zwischen den Loten	26 m
Breite eines Pontons	4.20 m
Seitenhöhe eines Pontons	1.50 m
Größte Breite der Fähre	14 m
Plattformgröße 14 x 13	182 m^2
Höhe der Plattform über Wasserlinie	3.20 m
Leertiefgang	0.39 m
Tiefgang bei 40 t Belastung	0.60 m

Die Pontons sind aus Voest-Stahl gebaut und vollkommen geschweißt. Die Aussteifung erfolgt durch Querspanten aus Flacheisen. Drei wasserdichte Querschotte aus 4-Millimeter-Blech unterteilen jedes Ponton in vier Räume, von denen jeder Raum durch Mannlöcher begehbar ist. Zur Entlüftung und Trockenhaltung erhält jeder Raum zwei Bullaugen. Die Plattformgröße beträgt 14 x 13 Meter, so daß auch ein großer Lastkraftwagen samt Anhänger ohne abzukuppeln ausreichend Platz findet. Bis zu zwölf Personenkraftwagen können leicht untergebracht werden.

Die Verbindungskonstruktion besteht aus querschiff verlegten, geschweißten und geflanschten Blechprofilen, die im Bereich der Mittelfahrbahn am stärksten dimensioniert sind. Der Plattformbelag besteht aus Bohlen mit einer Dimension von 250 x 100 mm. Die Mittelfahrbahn, die der Abnützung am stärksten unterliegt, hat Lärchenbohlen, in den übrigen Feldern sind solche aus Fichtenholz verlegt.

Die Aufbauten sind in Plattformhöhe angebracht und umfassen einen Warteraum, einen Mannschafts- bzw. Kassenraum und ein WC. Das Steuerhaus ist mittschiffs so hoch über der Plattform aufgebaut, daß die Sicht auch durch höhere Fahrzeuge nicht behindert wird.

Am 25. April 1964 wurde die neue Fähre eröffnet und dadurch ein langes Bangen um den Weiterbestand der Überfuhr beendet.

Ab 1988 ist Reg.-Rat Steiner alleiniger Geschäftsführer. In den Jahren 1989 und 1990 wurden umfangreiche Reparaturarbeiten an der inzwischen bereits wieder 25 Jahre alten Fähre durchgeführt und eine Schiffsfunkanlage zur Sicherheit installiert. Während in den vergangenen Jahren kaum Erträge erwirtschaftet werden konnten, brachte die Steigerung des Donauradtourismus in den letzten Jahren bescheidene Erträge, die diese Adaptierungen ermöglichten.

Im Juli 1990 wurde ein Übergang für Radfahrer über die Kraftwerksbrücke bei Ottensheim eröffnet, wodurch zumindest ein Teil der Radfahrer die Überfuhr nicht mehr benutzen. Dies hat sicherlich wieder Auswirkungen auf den Ertrag. Sollte dieser aber weiter zurückgehen, wäre wieder einmal der Bestand der Fähre gefährdet.

Von der ersten Linzer Donaubrücke zur Nibelungenbrücke

An der Grenze zwischen Deutschland/Österreich wird die Donau durch den Zufluß des Inns zum tatsächlichen und mächtigen Strom. Trotzdem, oder gerade deswegen, war das Land lange Zeit ohne feste Donauübergänge, so daß bis zum Ende des Mittelalters die Überfuhren – dafür in großer Anzahl – für den Verkehr über den Strom zuständig waren.

Die Donau durchfließt in Österreich drei Bundesländer (Oberösterreich, Niederösterreich und Wien, das zugleich Bundeshauptstadt ist) mit einer Gesamtlänge von 364 km.

In Oberösterreich erhielt Linz-Urfahr die erste Donaubrücke. Es war und ist auch heute der verkehrsreichste Donauübergang in unserem Bundesland. Kaiser Maximilian I. erteilte am 3. März 1497 der Stadt Linz die Berechtigung für den Bau der Brücke, die, bedingt durch den wichtigen Salzhandel, eine Verbesserung der Verbindung Salzkammergut – Böhmen bringen sollte.

Benedikt Pillwein schreibt in seiner 1824 herausgegebenen „Geschichte der Stadt Linz“ allerdings von einer Linzer Brücke, die bereits 1106 gebaut wurde, aber den Eisschollen und Wassermassen nicht standgehalten hat. 1288 wird die erste Überfuhr im Linzer Gebiet urkundlich erwähnt. Sie soll etwa zwischen dem Steinmetzplatzl in Urfahr und dem oberen Wassertor bestanden haben.

Der Baubeginn der 1497 von Maximilian bewilligten Holzbrücke ist nicht mehr genau feststellbar. 1501 ist sie aber bereits erwähnt. Die Brücke wurde auf 21 Jochen errichtet und mußte nach zahlreichen Beschädigungen durch Hochwasser immer wieder ausgebessert werden, sie behielt ihre ursprüngliche Form aber bis ins 19. Jahrhundert bei.

Die Joche bestanden aus einer Anzahl von möglichst langen Pfählen, und diese wurden hintereinander, aber auch in zwei Reihen nebeneinander in das Flußbett gerammt. Oben waren die Pfähle mit einer Schwelle verbunden und bildeten das „Ständerwerk“. Lange Balken, Ensbänke genannt, wurden dann auf die Schwellen gelegt und ergaben die Träger der mehrzölligen Bohlen, die die Fahrbahn stellten. Gegen das immer wieder auftretende Treibeis und die Eisstöße rammte man kurz oberhalb der Brücke eisenbewehrte Balken schräg in den Strom.

Erst 1820 erfolgte ein größerer Umbau, wobei die Anzahl der Joche auf 15 und 1830 auf 13 vermindert wurden. Gleichzeitig entstanden erst ein und 1830 der zweite Gehsteig.

Am 5. Mai 1864 stürzte nach einem Schiffsunglück die Brücke ein und wurde 1870–1872 durch eine eiserne Gitterbrücke ersetzt. In einem Bericht, der im Verlag von Ph. Kraußlich in Urfahr-Linz nach diesem Unglück erschienen ist, heißt es: *„Ein furchtbares Unglück ist Dienstag am 5. Mai 1868 um 2 Uhr 5 Minuten nachmittags über die Stadt Linz und Markt Urfahr hereingebrochen. Es* *wollte das unter der Leitung des Herrn Kapitäns Ziegler stehende Dampfschiff „Thetis“ ein mit 4000 Zentner Weizen und ungefähr 60 Zentner Fracht schwer beladenes Schleppschiff stromaufwärts ziehen. In der Nähe des Gasthofes zum rothen Krebsen wurde der Schlepper an die Thetis gehängt, die oberhalb der Brücke segelte, worauf die „Thetis“ dann stromaufwärts weiter dampfte. Hierbei geschah es, daß die Steuermannshütte auf dem Schleppschiffe durch die Quer-*

Das „Urfahrer Platzl“ 1820. Aquarell von Hartenstein. Die Holzbrücke mit der Statue des hl. Johannes v. Nepomuk auf der Urfahrer Seite, stromabwärts die Schiffmühle.

balken der Brücke weggerissen wurde und das Schleppschiff in Folge Nachlassens des Taues die Richtung verlor, in die Mitte des Stromes hinausfuhr und sich quer vor das sechste und siebente Brückenjoch legte.
Der Schlepp war mit einem Steuermann, einem Matrosen und einem Nauführer bemannt. Die Familie des Steuermannes, eine Frau mit vier Kindern, befand sich an Bord des Schlepps. Die Wasserhöhe war 8 Schuh 10 Zoll.
Schon als die Durchfahrt der „Thetis“ zwischen dem dritten und vierten Joch (vom linken Ufer aus gerechnet) erfolgte, sahen die Steuerleute des Schleppschiffes, daß das Durchfahren kaum möglich sei, nachdem sie Beide vielfache Verletzungen erhielten, sprangen sie vom Kranzel herab und kurz darauf war das Kranzel und das Steuerruder weggerissen und der Schlepper nicht mehr zu lenken. Das Tau wurde gekappt. Der Schlepper wurde auf die zwei Mittelpfeiler der Brücke geschleudert, so daß die ganze Brücke erschüttert ward.
Eine wahrhaft unverzeihliche Neugierde trieb eine Masse Menschen von mehre-

ren hundert Personen auf die Brücke, um möglichst von der Nähe den Unfall besehen zu können. Das Schleppschiff, welches wohl bei einer Viertelstunde in der Lage blieb, fing allmählich an, sich zu senken, und es ist nur dem Kapitän Herrn Walzl welcher die Leute mit Hilfe seiner Matrosen gewaltsam wegtrieb, zu danken, das nur wenige der Neugierigen die darauf folgende unglückliche Wendung mitzumachen hatten; denn kaum war das Schleppschiff unter Wasser, so erfolgte ein furchtbares Gekrache und das sechste und siebente Joch stürzte sammt den darauf befindlichen Leuten ein. ..."

Die Linzer Gitterbrücke, erbaut 1870/72.

Nach einem längeren Bericht über die Verunglückten und deren teilweise Rettung, heißt es weiter:
„*... Sachkundige schätzen den durch den Brückeneinsturz entstandenen Schaden auf einige hunderttausend Gulden.*
Die Störung des Verkehrs ist bedeutend, da außer der Eisenbahn auch die Gas- und Telegraphenleitung zerstört wurde, die Gasbeleuchtung für die Brücke und den Markt Urfahr ist gänzlich zerstört ...", und etwas weiter: „*... Nach den bisherigen Angaben sind mindestens dreißig Personen in den Strom gestürzt, und fanden diese Unglücklichen in den hochströmenden Fluthen der Donau ihr Grab...*"
Der Bericht schließt wörtlich:
„*. . . Möge die schreckliche Warnung doch endlich denjenigen zu Herzen dringen, in deren Macht es liegt durch einen festen Brückenbau die Bewohner der so herrlichen oberösterreichischen Hauptstadt vor ähnlichen erschütternden Ereignissen in Zukunft zu bewahren, und wenn, wie man vernimmt, es sich bewahrheiten sollte, daß die schöne Linzerstadt, welche doch so hervorragende Persönlichkeiten in ihren Mauern birgt, endlich denn eine Kettenbrücke bekommen sollte, dann wäre der 5. Mai 1868 in doppelter Beziehung einer der denk-*

würdisten Tage in den Annalen der oberösterreichischen Hauptstadt zu nennen.“
Soweit der anschauliche Bericht; wie bereits erwähnt, wurde in den Jahren 1870–1872 die neue Brücke gebaut.
Diese eiserne Gitterbrücke ruhte auf zwei Steinpfeilern und wurde von der Pariser Firma Schneider und Castor errichtet. Übrigens, der Fachwerkträger, und zwar in Form des Gitterfachwerkträgers, ist beim Bau dieser Brücke erstmals zur

Die Nibelungenbrücke Linz im Bau, 1939.

Anwendung gekommen. Dadurch war es auch möglich, die Zahl der Stützen auf vier zu beschränken und die Weiten zwischen den Unterstützungen auf 50 Meter zu vergrößern. Die Fahrbahn wurde möglichst tief zwischen den Hauptträgern angeordnet. Durch diese Konstruktion mit „Fahrbahn unten“ war die größtmögliche Durchfahrthöhe für die Schiffahrt gegeben. Die Verbindung der einzelnen Teile durch Nieten entsprach der damaligen Technik.
Die Gesamtbreite zwischen den Hauptträgern betrug 9 Meter, und zwar 5,50 Meter für die Fahrbahn und je 1,75 Meter links und rechts für die Gehsteige. Als ab 1. Juli 1880 die Pferdeeisenbahn die Brücke benützte, war diese Breite von 5,5 Meter viel zu gering. Am 2. Dezember 1872 fand die feierliche Eröffnung dieses Bauwerkes statt.
Nach der Eingliederung Österreichs in das Deutsche Reich sollte Linz als „Patenstadt des Führers“ ein besonderes Gepräge erhalten, und als erstes erfolgte in den Jahren 1938 bis 1940 der Bau einer neuen Donaubrücke an der Stelle der seit 1872 bestehenden Gitterbrücke. Sie erhielt den Namen „Nibelungenbrücke“, obwohl nachweislich die Heerscharen der Nibelungen hier nie über die Donau gingen. Das von den Architekten Schächterle und Tamms entworfene Bauwerk und die beiden Linzer Brückenkopfgebäude konnten fertiggestellt werden, der große Krieg machte den anderen architektonischen Gelüsten ein Ende.

Der Bau der Nibelungenbrücke verlangte aber die Erhöhung, und die dem modernen Verkehr voll und ganz Rechnung tragende Brückengröße eine im Verhältnis hiezu stehende Brückenkopfgestaltung. Auch dasas Problem, das bereits vor 70 Jahren – als die eiserne Brücke gebaut wurde – gegeben war, mußte gemeistert werden; die Längsachse der verlängerten Brücke sollte quer durch den Platz gehen und doch möglichst senkrecht zur Donau stehen.
Um eine möglichst geringe Konstruktionshöhe zu erhalten, wurde eine Rostträgerkonstruktion mit sieben Hauptträgern gewählt, die alle fünf Meter durch steife Querträger verbunden sind. Die Brückendurchfahrt war mit 10.20 m bei Mittelwasser festgesetzt. Für den Verkehr bringt die Brücke ausgezeichnete Lösungen. Die Brückenbreite wurde mit 28.90 m zwischen den Geländern festgelegt. Die Fahrbahn ist 18.90 m breit, zwei Radwege je 1.50 m und zwei Bürgersteige je 3.50 m.
Die Gesamtlänge beträgt 330 m, wovon 252 m den eigentlichen Strom überbrücken. An beiden Ufern ermöglicht je ein Steingewölbe von 40 m Länge die Unterführung einer 16 m breiten Uferstraße. Die Stahlbrücke ruht auf dem mit den Ufergewölben in Verbindung stehenden Widerlagern und auf zwei Strompfeilern. Der Schiffahrt stehen zwei Seitenöffnungen mit je 68 m lichter Weite und eine Mittelöffnung mit 94 m lichter Weite zur Verfügung. Im Gegensatz zur früheren Bauweise wurden die Caissons nicht mehr aus Eisen und an Ort und Stelle, sondern aus Stahlbeton im Winterhafen gebaut, mittels zweier Schlepp-

Die Nibelungenbrücke im Jahre 1989.

schiffe an die Absenkstelle gebracht und versenkt. Auch beim Tragwerk ging man neue Wege. Die Konstruktion mit „Fahrbahn oben“ prägte den Begriff der „Deckbrücke“. Man erreichte damit eine freie Sicht nach allen Seiten. Der guten Architektur wegen, hauptsächlich aber zur verläßlichen Übertragung der wirkenden Kräfte verwendete man vollwandige Verbindungsstücke. Aus sieben Hauptträgern entstand die Vollwandträgerbrücke, die noch im Jahre 1940 dem Verkehr übergeben wurde.
Im Jahre 1986 begann der erste Teil der Brückensanierung und 1988 wurde auch der Gleiskörper der Straßenbahn erneuert.

Die Linzer Eisenbahnbrücke

Ende des Jahres 1888 nahm die Mühlkreisbahn Urfahr – Aigen-Schlägl den Verkehr auf, und in einer Gesetzesvorlage, die von der Regierung im österreichischen Abgeordnetenhaus im März 1889 eingebracht wurde, war unter anderem auch der Bau einer Lokalbahn Linz-Urfahr vorgesehen. Sie sollte die Mühkreisbahn über eine Donaubrücke nach Süden verlängern und an das übrige Bahnnetz anschließen. Auch der neue Donau-Umschlagplatz, für den man sich durch die dort entstehende Industrie eine Umsatzsteigerung erwartete, wurde in das Projekt einbezogen.

Durch die politischen Wirren der Jahre 1897–1901 im Abgeordnetenhaus war die Finanzierung nur durch das Entgegenkommen des Eisenbahnministeriums und die Opferwilligkeit der Stadt Linz möglich. So stellte die Stadtgemeinde Linz 500.000 Kr. als Beitrag für den Brückenbau zur Verfügung. Die allgemeine Sparkasse Linz zeichnete 60.000 Kr., das Land Oberösterreich 100.000 Kr. und die Mühlkreisbahn-Gesellschaft 140.000 Kr. Durch diese Beiträge von zusammen 800.000 Kr. konnte im Frühjahr 1897 der Brückenbau begonnen werden.

Das Eisenbahnministerium übertrug die Bauausführung dem Wiener Brückenbauunternehmen E. Gaertner, die eiserne Tragkonstruktion für das rechte und mittlere Brückenfeld lieferte die Österreichische Alpin Montan-Gesellschaft, und die Prager Brückenbau-Anstalt übernahm die Tragkonstruktion für das linke Brückenfeld. Letztendlich sei erwähnt, daß die Herstellung der Fahrbahn und Gehsteige durch die Firma A. Biró Wien erfolgte. Es war eine gemeinsame Fahrbahn für den Straßenfuhrwerk- und Eisenbahnverkehr vorgesehen. Die Kosten wurden mit 2,000.000 Kr. veranschlagt. Trotz des Hochwassers – der Höchststand

Die klassische Fachwerkskonstruktion 1900. Die Linzer Eisenbahnbrücke.

am 2. August 1897 betrug 5,15 Meter über Null – waren der Aufbau der Pfeiler, zwei davon im Strombett, und Widerlager im November 1898 termingerecht fertig.
Am 14. November 1900 erfolgte nach dreijähriger Bauzeit die Eröffnung der 385 Meter langen Brücke, die Baukosten beliefen sich auf 1,236.768 Kr.
Diese Eisenbahn- und Straßenbrücke gehört heute zu den letzten eisernen Fachwerks-Spannbrücken über die Donau und erinnert in ihrer Konstruktion ein wenig an die ursprüngliche Nibelungenbrücke. Waren früher Hochwasser und Eis die Feinde der meist hölzernen Brücken, so gefährden heute andere Umwelteinflüsse – besonders das Streusalz im Winter u. a. – die Brückenkonstruktionen. So mußte im Frühjahr 1981 die gut 80jährige Brücke für den gesamten Verkehr gesperrt werden. Es wurde sogar ein Konzept für den Neubau einer vierspurigen Straßen- und Eisenbahnbrücke mit Radfahr- und Gehwegen erstellt, wobei die Verwendung bestehenden Pfeiler möglich gewesen wäre. Aus dem Neubau wurde nichts, es blieb bei der Sanierungsvariante. *„Es werden nur die Innereien der Brücke ausgewechselt, die Seitenteile bleiben bestehen"*, bedauerten die Brückenbauer.
Ein gutes Jahr nahmen die Sanierungsarbeiten in Anspruch. Im September 1982 konnte der öffentliche Verkehr und die Eisenbahn die verjüngte Brücke wieder passieren.
Es soll nicht unerwähnt bleiben, daß das Bundesheer mit seinen Pionieren eine 18 Meter lange und 20 Tonnen schwere Ersatzbrücke im Bereich der Auffahrtsrampe erstellte.
Die gesamte Sanierung lag in den Händen der WBB (Wiener Brückenbau und Eisenkonstruktions AG.)

Die VOEST-Brücke

In der Planung des großzügigen Straßenausbaues der Stadt Linz und einer kreuzungsfreien Zufahrt nach Linz bis ins Mühlviertel mußte, als der Autobahnzubringer Linz erreichte, eine entsprechende Donaubrücke vorgesehen werden.
Der Zubringer – ursprünglich eine Bundesstraße – wurde ab 1971 die „Mühlkreisautobahn A 7". Sie stellt eine Abzweigung der Westautobahn dar und soll

VOEST-Brücke Linz.

über Freistadt nach Prag geführt werden. Die Brücke erhielt den Namen „VOEST-Brücke", ein Hinweis auf den Erbauer und den Standort des großen Stahlwerkes in Linz. Im Hinblick auf den Rhein-Main-Donau-Kanal – dieser war wohl noch in weiter Ferne, aber man erwartete sich eine große Steigerung im Schiffsverkehr – plante man die möglichst große freie Stützweite von etwa 215 Metern im Flußbereich. Die Forderung nach einer geringen Konstruktionshöhe entsprach der Tatsache, daß die Brückenunterkante sehr hoch angelegt werden sollte. Aus diesem Grunde schied eine sogenannte „Deckbrücke" aus, weil hiebei die Trägerhöhe ca. 10 Meter ausgemacht hätte; aus ästhetischen Gründen kam eine Fachwerksbrücke ebensowenig in Frage. Die Wahl fiel letztendlich auf eine Schrägseilbrücke.
Mitte 1969 wurde der Bau begonnen, die Planung lag in den Händen von Josef Aichhorn, dem Leiter der OÖ. Landesbaudirektion. Die gesamte Brücke ist in vier Felder mit zweimal 60, 72 und 215 Meter aufgeteilt – Gesamtlänge 407 Meter. Neben den beiden Widerlagern liegt das Stahltragwerk noch auf einem Strompfeiler und zwei Landpfeilern auf. Die Breite der Fahrbahn beträgt etwa 35 Meter, und im Gegensatz zur Nibelungenbrücke, die sieben Hauptträger bei

einer Stützweite von 100 Meter benötigt, sind hier bei einer Stützweite von 215 Meter nur vier Hauptträger erforderlich.
Das Markante am Bauwerk ist aber der Stahlpylon mit einer Gesamthöhe von 65 Meter. Die Abmessung am Brückendeck ist 3,6 x 2,4 Meter und verdünnt sich nach oben. Bei der Errichtung der Pfeiler und Widerlager ging man von den Caissons ab und wählte aus Kostengründen die billigere offene Baugrube mit Stahlspundwänden. Das Neuartige an dieser Brücke sind die Seile. Zum erstenmal wurden bei einer Straßenbrücke in Österreich Seile als tragendes Element verwendet. Dadurch gelang es, die tragende Konstruktion über der Fahrbahn sehr klein zu halten. Das Bauwerk fügt sich gut in die Umgebung ein, wirkt imposant und ist nach dem Stand der Technik modern und richtungweisend.
Die Kosten betrugen rund 155 Millionen Schilling, einschließlich der beiden Brückenköpfe mußten aber 275 Millionen aufgewendet werden. Am 16. Dezember 1972 – nach dreieinhalbjähriger Bauzeit – konnte die VOEST-Brücke dem Verkehr übergeben werden.

Die Steyregger Eisenbahnbrücke

Für die Eisenbahnverbindung Budweis (bzw. Summerau) – Freistadt – Gaisbach/Wartberg – Linz mußte in den Jahren 1870–1872 ein Donauübergang geschaffen werden. Die Bahntrasse wurde wegen der Geländeverhältnisse ins Feldaist-, Gusen- und Donautal verlegt und überquert bei Steyregg den Strom. (Zur gleichen Zeit wurde auch in Mauthausen für die Linie Budweis – Mauthausen – Steyr und Graz – Triest eine weitere Eisenbahnbrücke gleicher Konstruktion erbaut. – Siehe Kapitel Mauthausen.)
So wie für die Mauthausener Eisenbahnbrücke waren die Wittkowitzer Gewerkschaft, gemeinsam mit dem Bauunternehmen Gebr. Klein, Schmoll und Gaertner,

Die Steyregger Strraßenbrücke, links die Eisenbahnbrücke.

die bauausführenden Firmen. Die Konstruktion erhielt ein eisernes Fachwerk mit fünf Stromöffnungen mit je 76,3 Meter Spannweite. Im Inundationsgebiet kam man mit zwei Öffnungen zu je 23,7 Meter aus. Die Gesamtlänge der Brücke beträgt 453 Meter.
In den Jahren 1924–1926 mußte die Brücke erneuert werden, eine zusätzliche

Verbindung für Fußgänger und einspurige Fahrzeuge wurde durch den Anbau eines Gehsteiges geschaffen. Der wirtschaftliche Aufschwung und damit der zunehmende motorisierte Verkehr waren auch schon Mitte der fünfziger Jahre Thema bzw. Anregung für den Bau einer Steyregger Straßenbrücke.

Steyregger Straßenbrücke

Ausschlaggebend war dann noch die Situation der Pendler aus Steyregg und dem nördlichen Gebiet, also dem Mühlviertel. Sie mußten einen Umweg von rund 12 km zur Industriezone und eine zusätzliche Fahrzeit von etwa 20 Minuten

Gesamtansicht der Steyregger Straßenbrücke.

In Kauf nehmen. Ursprünglich wollte man die Pfeiler der Eisenbahnbrücke mitverwenden. Wegen des hohen Alters von mehr als hundert Jahren lehnten die österreichischen Bundesbahnen als Eigentümer die Pfeiler ab. Die Bauarbeiten für den völligen Neubau dieser Straßenbrücke wurden im Sommer 1975 öffentlich ausgeschrieben, es gelangten einundzwanzig Entwürfe mit Kosten zwischen 170 bis 230 Millionen Schilling zur Einreichung.
Die Arge Mayreder-Hamberger-Porr-VOEST ALPINE-Waagner Biró errichtete eine in die engere Wahl gezogene Variante in Form eines Verbundstreckträgers mit Schrägseilabspannung und *Pylon* in Gestalt eines „A".
In der Folge seien zwei Absätze des Artikels von ROBR. Dipl.-Ing. Walter Kotrschal, Linz, „Die Steyregger Brücke", wiedergegeben:
„. . . komplizierte Statik –
Durch die unmittelbare Nähe der Eisenbahnbrücke war aus schiffahrtstechnischen Gründen die Pfeilerstellung für den Neubau fixiert. Auf den mittleren Flußpfeiler mußte verzichtet werden, da dieser bereits bei der Eisenbahnbrücke Steyregg mehrmals von aus dem Ölhafen Linz ausfahrenden Schiffen angefahren wurde. Es ergaben sich daher Stützweiten – von der Steyregger Seite aus gerechnet – von 80,60 Meter + 80,60 Meter + 80,60 Meter + 161,20 Meter + 50,60 Meter, also gesamt 453,60 Meter. Im Querschnitt weist die Brücke insgesamt vier Rich-

tungsfahrbahnen zu je 3,50 Meter, zwei Radwege zu je 1,50 Meter und zwei Gehwege zu je 1,50 Meter, also eine Gesamtbreite von rund 25 Meter auf.
Durch den vorher beschriebenen Wegfall des mittleren Flußpfeilers entstand ein ungünstiges statisches System. Es bot sich an, den Pfeiler durch eine Schrägseilabspannung zu ersetzen. Die Rückverankerung geht von der Stromfeldmitte über den 44 Meter hohen A-Pylon zum zweiten Steyregger Pfeiler, wo die Kräfte mittels Spannkabeln in die Pfähle abgeleitet werden . . .“ Soweit der Artikel.
Einschließlich aller Nebenkosten kostete das Bauwerk, für das es systemmäßig keine Vorbilder gibt, und das 1978 fertig wurde, rund 230 Millionen Schilling.
Leider waren schon 1986 und hauptsächlich 1989 Sanierungskosten von etwa 13 Millionen Schilling notwendig.
Ein Korrosionsexperte erklärte, daß aus Kostengründen zu billigen Materialien gegriffen worden sei und ein zusätzlicher Bitumenanstrich angebracht werden mußte.

Die Mauthausener Brücken

Durch die im Jahre 1501 erbaute Donaubrücke in Linz fürchtete Enns um seinen Handelsverkehr und bemühte sich um eine Genehmigung zum Bau einer eigenen Brücke. Tatsächlich erteilte Maximilian I. im gleichen Jahr, also 1501, die Bewilligung für einen festen Übergang von Enns nach Mauthausen.
So wie die Linzer traten auch die Mauthausener Inhaber des „Urfahrrechtes" gegen den Bau auf, konnten aber durch verschiedene Vorrechte bei der zukünftigen Brückenbenutzung beruhigt werden. Drei Jahre nach der Zusage durch

Die Fliegende Brücke Enns-Mauthausen. Im Bild ist deutlich die „Furkelzillen" zu sehen, also keine „Drahtseilfähre", wie auf der Karte vermerkt. Ab 1828.

Maximilian I. wurde mit dem Bau begonnen, dieser dauerte von 1504 bis 1506. Das Bauholz mußte teilweise aus Bayern beschafft und eine Anzahl Isarflößer angekauft werden.
Die vielen Hochwasser setzten der Brücke arg zu, und sie war deshalb oft längere Zeit außer Betrieb. 1612 richtete Mauthausen wieder den Überfuhrverkehr ein, die Brücke – immer wieder neu aufgebaut – wurde aber endgültig aufgelassen. Es muß wohl zwischen 1655 und 1668 gewesen sein, in der Oberösterreichkarte von G. Mathäus Vischer (1669) scheint sie nicht mehr auf.
Von nun an wird die Überfuhr mehr und mehr aktiviert. Außerdem entstand im Jahr 1809 eine Schiffsbrücke, die die Verbindung der Heere von Hiller und Erzherzog Karl gewährleisten sollte. Am 3. Mai des gleichen Jahres wurde sie aber von zwei Flößen gerammt und zerstört.
Nach 1828 errichtete die Stadt Enns eine fliegende Brücke, die Kosten beliefen sich auf 35.000 Gulden. 1876 verkaufte Enns diese Brücke an den Markt Mauthausen. An ihre Stelle trat 1902 eine „Rollufer-" bzw. Drahtseilfähre.

Als erste Eisenbahnbrücke im oberösterreichischen Raum wurde am 2. Dezember 1872 die Mauthausener Brücke eröffnet, die Bahnlinie St. Valentin – Budweis, die auf diesem Übergang zwischen Piburg und Heinrichsbrunn die Donau quert, eröffnete am selben Tag den Betrieb. Die bauausführende Wittkowitzer Gewerkschaft und das Bauunternehmen Gebrüder Klein, Schmoll und Gaertner schufen die Eisenbrücke in einer Länge von 509 Meter und führten die Pfeiler in doppelter Breite aus, um einen späteren zweigleisigen Betrieb zu ermöglichen.
Die Brücke erhielt zweifaches eisernes Fachwerk mit fünf Stromöffnungen zu je

Die Drahtseilfähre Mauthausen, ab 1902.

76,3 Meter Spannweite. Im Inundationsgebiet bekam sie drei Öffnungen mit je 28,7 Meter Spannweite. Ob die Kosten, die bei Baubeginn mit 2,160.585 Fl. veranschlagt wurden, eingehalten werden konnten, ist nicht bekannt.
Im Jahre 1941 wurde die Eisenbahnbrücke durch einen Neubau ersetzt. Sie blieb aber auf ihren Pfeilern stehen und wurde 1945 – auf Anordnung der russischen Besatzungsmacht – als behelfsmäßige Straßenbrücke eingerichtet. Die Breite der Brücke betrug nur 4,2 Meter, war also sehr schmal, sie mußte daher einspurig befahren werden. Eine Lichtsignalanlage gab die Fahrtrichtung abwechselnd frei. Den besonders nach 1955 – also nach dem Abzug der Besatzungsmacht – zunehmenden Verkehr konnte die Brücke nicht mehr bewältigen, so daß es immer wieder zu Stauungen im Straßenverkehr, der noch dazu auf Bahnbetriebsgrund abgewickelt werden mußte, kam. Abhilfe konnte nur der Neubau einer eigenen Straßenbrücke schaffen. Ab 1956 wurden Überlegungen angestellt, die eine Sperre, Instandhaltung oder Neubau beinhalteten. Der Verkehr verbot eine Sperre, Untersuchungen ergaben ungünstige Werte, so daß der Entschluß zum Bau einer eigenen Straßenbrücke den Vorzug erhielt. Man begann am 3. Mai 1960 mit den Bauarbeiten für die

unter Verwendung der vorhandenen Widerlager und Pfeiler der Eisenbahnbrücke. Der Unterbau wurde verbreitert, so daß 6,0 Meter Fahrbahn, 0,6 Meter Schutzstreifen links und rechts, sowie stromaufwärts ein 1,5 Meter breiter Gehsteig errichtet werden konnte.
Da der Verkehr während der Bauzeit nicht unterbrochen werden durfte, mußte die alte Eisenbahnbrücke rund 10 Meter stromaufwärts, außerhalb der bestehenden Pfeiler, auf Holzjoche geschoben werden. Auf Grund öffentlicher Ausschreibung wurden die Stahlbauarbeiten der Firma Waagner-Biró Wien übertragen, die Beton- und Steinbauten führte die Linzer Firma Negrelli durch. Der Entwurf der Brücke lehnte sich optisch an die Eisenbahnbrücke an. Die vier Öffnungen über dem Strom wurden mit einem durchlaufenden Stahlfachwerk, die fünf Felder über dem Inundationsgebiet mit einer durchlaufenden, vollwandigen Verbundkonstruktion überbrückt. Die Stahlbetonfahrbahn der Strombrücke liegt auf den Querträgern auf, so daß der Verkehr zwischen den Tragwerkswänden abrollt.
Am 17. Dezember 1960 wurde die ausgeschobene Brücke für den Verkehr freigegeben, Mitte Dezember 1961 war die 500 Meter lange Mauthausener Straßenbrücke fertig und wurde feierlich übergeben.

Die Mauthausener Straßen- und Eisenbahnbrücke.

Die Greiner Überfuhr

Jahrhundertelang hatte für den Verkehr zwischen dem linken und dem rechten Ufer, dem Greiner Becken und seinem Hinterland einerseits, dem gegenüberliegenden Niederösterreich anderseits das Überführen beim Forstner im Ufer und beim „Thaddädl" nächst dem Schwall genügt. Für Personen geschah es mit Ruderzillen, für Vieh und Frachtgüter mit *Plätten* oder *Mutzen*. Die Überfuhr beim Thaddädl diente mehr dem kleinen Verkehr mit den rechtsufrigen Ortschaften Wiesen und Hößgang, die im Ufer vermittelte den Anschluß nach Amstetten und weit hinein in die niederösterreichischen „Eisenwurzen".
Als der Bau der Kaiserin-Elisabeth-Westbahn eine beträchtliche Steigerung des

Rollfähre Grein–Tiefenbach seit 1878. Früher, von 1857 bis 1877, Fliegende Brücke.

Verkehrs auf dem rechten Donauufer erwarten ließ, beschlossen im Jahre 1857 die Greiner Stadtväter, eine zeitgemäßere Verbindung mit dem aufstrebenden Amstetten zu schaffen. Da eine feste Brücke der großen Kosten wegen und technischer Schwierigkeiten halber außer Betracht blieb, hatte man die Wahl zwischen einer Schwimm- (d. h. Schiffsbrücke) und einer „Fliegenden" Brücke. Die Strömungsverhältnisse in der oberhalb Grein sich jäh verengenden Donau und die drohenden Erhaltungskosten ließen auch eine „schwimmende" Brücke ausscheiden. Für eine „Fliegende" Brücke aber waren bei Aschach und bei Mauthausen schon Vorbilder gegeben.
Durch den Anschluß zur Straße Ardagger – Amstetten war die Örtlichkeit für das neue Verkehrsmittel ohne weiteres gegeben: es pendelte zwischen Ufer und Tiefenbach. Die Eröffnung und Verkehrsübergabe fand im Mai 1858 statt.
Der Verkehr über die Fliegende Brücke war beträchtlich und schwankte von 1860 bis 1870 zwischen 25.000 und 40.000 Personen bzw. 1600 und 2400 Fuhr-

werken. Mitte des Jahres 1869 dachte man schon an eine Weiterentwicklung, doch erst am 11. 1. 1875 beschloß man den Umbau zu einer Rollfähre. Man erwartete, dadurch auch bei Eisrinnen und Hochwasser einen längeren Fährbetrieb führen zu können. Im Sommer 1877 wurden neue Pachtverträge beschlossen, und es ist anzunehmen, daß dies der Eröffnungszeitpunkt der neuen Rollfähre war.
Durch den Bau der Bahnstrecke Mauthausen – Grein (1898) und die Weiterführung Grein – Krems (1908) war wohl ein Hauptteil der Verkehrswünsche befriedigt, die ein halbes Jahrhundert lang die Greiner Öffentlichkeit bewegt hatten. Der Wunsch nach einer festen Brücke blieb jedoch bestehen. Der Krieg verhinderte eine 1939 großzügig geplante Neugestaltung der Fähre, und erst im Jahre 1952, als die Verkehrssituation unhaltbar geworden war, entschloß sich die Stadtgemeinde Grein, wenn auch schweren Herzens, die Rollfähre von Grund auf zu erneuern und sie in Metallkonstruktion auszuführen.
Endlich, im Jänner 1965, erfolgte die Auftragserteilung für einen festen Stromübergang, der am 24. September 1967 feierlich eröffnet wurde, aber das Ende der natürlich verkehrstechnisch nicht mehr tragbaren, aber doch liebgewonnenen Überfuhr bedeutete.

Die Straßenbrücke bei Grein

Schon 1871 reichten Grein und die umliegenden Ortschaften eine Petition an den Oberösterreichischen Landtag, mit der Bitte zur Errichtung einer Donaubrücke. Auch 1880 und 1893 wurden erneut Anträge gestellt. 1894 brachte Ritter von Spaun das Brückenprojekt im Reichsrat zur Sprache, 1913/14 war es fast soweit. Doch der Erste Weltkrieg machte die Greiner Hoffnung zunichte. Die Zwischenkriegszeit war auch nicht dazu angetan, das Projekt zu verwirklichen.
Außerhalb der Städte Wien und Linz sind noch immer mehrere Seilfähren in Betrieb. Sie genügen den gesteigerten Anforderungen bezüglich Leistungsfähigkeit und Tragkraft nur mehr in den wenigsten Fällen. Überdies müssen sie infolge Hochwasser oder Eis jährlich mehrere Tage, manchmal Wochen hindurch eingestellt werden.
Um dem langgehegten Wunsch der Greiner Bevölkerung und natürlich der Beseitigung der angeführten Mängel zu begegnen, wurde am 13. Dezember 1964 der Spatenstich für die Greiner Donaubrücke durchgeführt.
Die Firma Mayreder, Kraus & Co., Bauges m.b.H. Linz hatte einen Wahlvorschlag für eine Spannbetonbrücke eingereicht. Diese Variante, zusammen mit Rampenbrücken am linken Ufer an Stelle von Stützmauern, hat sich als billigste und dabei aber technisch einwandfreie Lösung ergeben. Im Jänner 1965 erhielt Mayreder den Auftrag zur Errichtung der Donaubrücke bei Grein. Erstmals bei einer Donaubrücke in Österreich wurde hier in Grein das Tragwerk in Spannbeton hergestellt. Es ist ein über drei Felder mit Stützweiten 73,00 + 106,00 + 73,00 Meter durchlaufender Hohlkasten, der in Längsrichtung vorgespannt ist. Die Herstellung des Tragwerkes erfolgte auf Lehrgerüst und im freien Vorbau.

Donaubrücke Grein. Verkehrsfreigabe September 1967.

Die Fahrbahnbreite beträgt 8,10 Meter. Durch die Forderung der Schiffahrt nach 8,00 Meter lichter Durchfahrtshöhe beim höchsten schiffbaren Wasserstand und der notwendigen Konstruktionshöhe ist ihre Höhenlage fixiert. Die beiden Flußpfeiler sind rund 24 Meter hoch. Ihre Schäfte haben den gleichen Querschnitt wie jene bei der Donaubrücke Aschach. Aus Gründen der Sicherheit wurde eine Pfeilergründung mittels Druckluft-Senkkasten gewählt.
Die Vereinigte Österreichische Eisen- und Stahlwerke AG Linz stellte zwei Senkkästen aus Stahlblech mit den Hauptabmessungen Länge 13,5 Meter, Breite 7,00 Meter, Höhe 5,50 Meter her. Jeder Kasten (Caisson) hatte ein Gewicht von 42,5 Tonnen.
Die beiden Rampenbrücken sind in ihrem Aufbau gleich. Die UW-Rampenbrücke mit elf Feldern ist 165 Meter lang, die OW-Rampenbrücke hat nur sieben Felder und ist 105 Meter lang. Die Gesamtlänge der Greiner Brücke beträgt demnach 522 Meter.
Durch die am 24. September 1967 erfolgte Freigabe des neuen Stromüberganges ist nun die Verbindung zur Autobahn bei Amstetten hergestellt. Sie bedeutet für das gesamte Mühlviertel die Beendigung der ungünstigen Randlage.

Nachwort zum ersten Abschnitt

Die Donau verläßt nun nach Sarmingstein das Gebiet von Oberösterreich. Dieses Oberösterreich war zur Zeit des Römischen Reiches ein Teil von Noricum, und zwar von Ufer-Noricum. Die Donau grenzte Noricum gegen die Markomannen im Norden ab.

Später entstand das Erzherzogtum Österreich, wobei unser heutiges Oberösterreich den Namen „Oesterreich ob der Enns“ erhielt. Nach 1918 wurde es zu Oberösterreich. Noch einmal mußte dieser Name im Jahre 1938 der Bezeichnung „Oberdonau“ weichen, aber 1945 trat das vertraute „Oberösterreich“ wieder in Kraft.

Es soll nicht unerwähnt bleiben, daß es am Strom immer und auch heute noch kleine, für den jeweiligen Bereich aber doch wichtige Überfuhren gab bzw. gibt. Hier wären die für den örtlichen Fremdenverkehr (Radtourismus) notwendigen „Radfähren“ zu erwähnen. Einige dieser Fähren bringen auch Autos über die Donau, wie die von Obernzell und Obermühl. Fähren für den Rad- und Personenverkehr sind in Engelhartszell, Schlögener Schlinge (zwei) und St. Nikola in Betrieb.

Die Donauübergänge in Niederösterreich

Flußschiffahrt im allgemeinen und die Donauschiffahrt im besonderen kann in die Schiffahrt längs des Flußes, stromab oder stromauf, sowie in die Schiffahrt quer zum Strom, den Übersetzverkehr, eingeteilt werden. Dies zeigt sich schon in der Namensgebung; auf der Donau ist die *„Naufahrt“* die Fahrt flußabwärts, die *„Gegenfahrt“*, die Fahrt flußaufwärts und die *„Urfahr“* der Übersetzverkehr. Noch heute erinnern der Stadtteil Urfahr von Linz und der kleine gleichnamige Weiler am linken Donauufer oberhalb Melk an diesen Querverkehr. Die Urfahr war bis in das 19. Jahrhundert ein Recht und eine Verpflichtung von Personen oder Gemeinden, den Übersetzverkehr an bestimmten Stellen der Donau aufrechtzuerhalten. Allerdings wurde manchmal nicht nur der unmittelbare Übersetzverkehr, sondern auch der nahe Längsverkehr, wenn er von ein und demselben Rechtsträger durchgeführt wurde, als Urfahr bezeichnet (Starzer, Geschichte der Stadt Stockerau, S. 213).
Jahrhundertelang, von prähistorischen Zeiten bis weit in die Neuzeit, erfolgte die Überfuhr von Gütern mit größeren Holzschiffen, die von Personen meist mit Zillen. An der Wende vom Mittelalter zur Neuzeit wurden bei Mautern und Wien die ersten ständigen hölzernen Brücken zwischen Enns- und Marchmündung errichtet, wodurch auch schwere Wagen ohne Umladen und große Zeitverluste den Fluß passieren konnten. Diese Brücken waren zwar durch Hochwasser und Eisgänge ständig gefährdet, sie wurden oft zerstört, aber immer wieder neu errichtet. Für die Erhaltung der Brücken wurde eine Maut eingehoben, welche aber auch bei den Überfuhren zu leisten war und daher keine Verteuerung der Brückenpassage im Vergleich zur Überfuhr bedeutete.
Die Überfuhren waren immer an Stellen von geringerer Strömungsgeschwindigkeit eingerichtet, trotzdem gab es eine große Abtrift der Fährschiffe, welche daher nach dem Übersetzen wieder zum Ausgangspunkt flußauf im Todwasser gerudert oder getreidelt werden mußten. Mit der Industrialisierung und der starken Zunahme des Verkehr ab der Mitte des 19. Jahrhunderts waren daher leistungsfähigere Donauübergänge unerläßlich.
Man begann zunächst, die Zillenüberfuhren bei Grein, Marbach, Tulln und Korneuburg durch sogenannte „Fliegende Brücken“ zu ersetzen. Dies waren Frachtschiffe, meist zwei Mutzen, mit einem Deck verbunden, welche an einem in der Donau verankerten, langen Seil hingen und mittels des Wasserdruckes der Strömung ohne Abtrift über den Fluß gesteuert wurden. Da das im Flußbett liegende Seil die Schiffahrt behinderte und die Tragfähigkeit der Fliegenden Brücken für stärker frequentierte Übergänge bald nicht mehr ausreichte, wurden sie allmählich durch stabilere Rollfähren ersetzt. Dies sind zwei eiserne, früher hölzerne, geschlossene Schiffsrümpfe, die nach Art eines Katamaranes mit einer starken Plattform verbunden sind.

Zum Unterschied von den fliegenden Brücken hängen sie an einem starken, an zwei hohen Türmen fest an den Ufern verankerten Seil und werden ebenfalls mit Hilfe des Strömungsdruckes vom Fährmeister über den Fluß gesteuert. Ihr Tragseil bildet für die Längsschiffahrt kein Hindernis. Als Anlegestellen sind meist an beiden Uferseiten feste Anlegepontons verankert, zu welchen die Fahrzeuge über eine bewegliche Rampe rollen und damit direkt auf die längsseits liegende Fähre gelangen.

Mit dem Fortschritt des Eisenbahnbaues folgte jedoch noch im selben Jahrhundert die Errichtung der Eisenbahnbrücken bei Mauthausen, Krems und Tulln. Die nächste Welle von Brückenschlägen folgte nach dem Zweiten Weltkrieg mit dem Anstieg der Motorisierung. Es entstanden die Straßenübergänge bei Grein, Ybbs, Melk, Krems und Deutsch-Altenburg. Derzeit gibt es in Niederösterreich über die Donau acht Straßenbrücken. Ferner existieren drei Eisenbahnbrücken, drei Rollfähren, zwei Überfuhren mit kleineren Motorschiffen im Stauraum von Melk und mehrere kleine, zum Teil temporäre Überfuhren mit Motorbooten. Überfuhren mit Dampfschiffen hat es kurze Zeit schon in den achtziger Jahren des 19. Jahrhunderts bei Ybbs und Melk gegeben, sie haben sich aber nicht bewährt.

Der oberste klassische Donauübergang in Niederösterreich befindet sich bei Mauthausen und verbindet das Gebiet um die Ennsmündung mit dem oberösterreichischen Mauthausen und seinem Hinterland. Dieser Übergang hat seine alte Bedeutung vom Eisentransport aus dem Gebiet um Steyr über Freistadt nach Böhmen. Schon 1872 erfolgte daher der Bau der ersten Eisenbahnbrücke für die Bahnlinie St. Valentin – Mauthausen – Gaisbach/Wartberg – Freistadt. Die Brücke wurde 1940 durch eine neue ersetzt, 1945 zerstört und 1946 als kombinierte Bahn- und Straßenbrücke wiedererrichtet; die Fertigstellung erfolgte in den Jahren 1948/49.

Ein relativ junger Donauübergang ist „Wallsee". Bis 1969 gab es dort nur die alte Zillenüberfuhr nach Mitterkirchen im oberösterreichischen Machland. Dabei war Wallsee im Mittelalter zeitweise ein nicht unbedeutender Verladeplatz von und nach den Eisenwurzen. Der Güterumschlag ging aber fast ausschließlich auf die Naufahrt. Mit dem Bau des Kraftwerkes Wallsee-Mitterkirchen wurde über die Krone der Staumauer eine Straßenbrücke für den Lokalverkehr errichtet. Kraftwerk und Brücke liegen aber bereits auf oberösterreichischem Gebiet.

Die nächste bedeutende Überfuhr befand sich zwischen Tiefenbach (NÖ) und Grein am Eingang des Strudengaues. Sie stellte die Verbindung der Gegend um Amstetten/Ardagger mit dem oberösterreichischen Mühlviertel her. Im Jahre 1857 ließ die Gemeinde Grein eine Fliegende Brücke einrichten, die jedoch schon nach 20 Jahren von einer stärkeren Rollfähre ersetzt wurde. Projekte einer Eisenbahnbrücke (1893) und einer ersten Straßenbrücke (1907) kamen aus Geldmangel nicht zur Ausführung und hätten damals auch sicher nicht die nötige Frequenz erzielt. Erst nach dem Zweiten Weltkrieg wurde eine moderne Straßenbrücke errichtet. Im Jahre 1949 betrug die Transportleistung der Rollfähre

über 51.000 Personen, fast 8000 zweispurige Kraftfahrzeuge, ca. 10.000 Motorräder und 6500 Pferdefuhrwerke.
Da im Engtal des Strudengaues die Strömungsgeschwindigkeit bis zum Kraftwerksbau sehr hoch war, befand sich der nächste größere Donauübergang erst am Ende desselben, wo sich die Donau bei Ybbs wieder etwas verbreiterte. Die

Die Rollfähre Ybbs–Persenbeug war bis 1959 in Betrieb. Sie ersetzte seit 1897 den kleinen Dampfer „Charlotte".

älteste Urkunde für die Überfuhr bei Ybbs stammt aus dem Jahre 1319 und wurde von König Friedrich dem Schönen ausgestellt. Aus ihr geht hervor, daß das Urfahr(-Recht) damals schon seit langem bestand. Diese Überfuhr hatte und hat nur eine Bedeutung für den Lokalverkehr. Die alte Zillenüberfuhr wurde 1882 durch den kleinen Dampfer „Charlotte" ersetzt. Da dieser jedoch keine schweren Fahrzeuge laden konnte und daher nur für den Personenverkehr interessant war, wurde an seiner statt 1897 eine leistungsfähige Rollfähre eingesetzt. Mit der Fertigstellung der Straßenbrücke über die Staumauer des Kraftwerkes im Jahre 1959 wurde die Rollfähre stillgelegt. Im ersten Jahr des Betriebes der Rollfähre, 1898, transportierte diese 85.000 Personen und 2740 Fuhrwerke. 1928 war die Transportleistung auf 173.000 Personen, 3300 Fuhrwerke und 2300 Kraftfahrzeuge angestiegen. Schließlich konnten 1952 noch 270.000 Personen übergesetzt werden. In den Zahlen für dieses Jahr sind bei den 72.000 Fuhrwerken auch die Pkw mitgezählt, neben 84.000 Lkw wurden 96.000 Motorräder übergesetzt, in letzter Ziffer sind allerdings auch die Kleintiere miteingerechnet (wegen des gleichen Tarifes).
Eine ebenfalls junge Überfuhr ist die zwischen Marbach am linken und Krumnußbaum am rechten Donauufer. Mit dem Aufkommen des Wallfahrtsortes Maria Taferl im 17. Jahrhundert begann ein Pilgerverkehr, für den eine Zillenüberfuhr eingerichtet wurde. Durch den Bau der Westbahn nahm der Pilgerverkehr vom

Fliegende Brücke Marbach–Krumnußbaum. Von 1902 bis 1980 Rollfähre.

Südufer der Donau dermaßen zu, daß 1856 eine der ersten Fliegenden Brücken die Zillen ersetzen mußte. Im Jahre 1902 wurde eine Rollfähre in Betrieb genommen, die mit dem Bau des Kraftwerkes Melk durch den Aufstau der Donau 1980 ihre Funktionsfähigkeit mangels Strömung verlor. Seither gibt es für die Personenüberfuhr ein kleines Motorschiff, der Güterverkehr nimmt den Weg über die Brücken Melk oder Ybbs. Die Transportleistung der Rollfähre Marbach im Jahre 1952 betrug 215.000 Personen, 45.000 Pkw, 35.000 Lkw, 20.000 Motorräder, 20.000 Fuhrwerke und 30.000 Fahrräder. Seit 1981, nach dem Aufstau durch das Kraftwerk Melk, wird der Fährbetrieb mit dem kleinen Motorschiff „Marbach" für Personen und einspurige Fahrzeuge unterhalten. Die Frequenz betrug 1983 52.000 Personen, 1900 Fahrräder, 1500 Mopeds und 600 Motorräder. Nicht weit stromabwärts gibt es die Überfuhr für den Lokalverkehr zwischen Pöchlarn und Kleinpöchlarn. Dieser Übergang ist allerdings sehr alt, wird schon zur Römerzeit erwähnt und war im Hochmittelalter durch den Sitz der Herren von Bechelaren (Nibelungenlied) von Bedeutung. Diese ging mit der Verlagerung des Schwerpunktes des Herzogtums Österreich nach Osten mit Beginn des neuen Jahrtausends rasch wieder zurück. Im Jahre 1892 wurde eine „fliegende Brücke" eingerichtet, die 1910 durch eine Rollfähre ersetzt wurde. 1952 transportierte die alte Rollfähre fast 9530 Pkw, 11.550 Lkw, über 12.000 Motorräder, 7800 Fuhrwerke, 48.000 Fahrräder und 1062 Stück Großvieh. Seit 1981 ist die Motorfähre „Erika" im Einsatz. Sie beförderte 1983 172.000 Personen, 16.400 Mopeds und Motorräder, 40.300 Pkw, 11.000 Lkw, 1000 Traktoren und 750 Sonderfahrzeuge.

Oberhalb von Weitenegg gab es vor der Donauregulierung bei dem Weiler Urfahr eine Überfuhr, vor allem für die Landwirte, die zur Bewirtschaftung ihrer Grundstücke am anderen Ufer übersetzten. Danach gab es auch Personenverkehr der benachbarten Ortschaften.

Rollfähre Pöchlarn–Klein Pöchlarn. Seit 1981 wird sie durch …

… die Motorfähre „ERIKA“ ersetzt.

Der Donauübergang Melk ist wie jener von Ybbs nur für den Lokalverkehr von Bedeutung. Er war die letzte Überfuhr vor der Wachau und verband den Nibelungengau mit den Orten im Weitental und darüber mit dem südlichen Waldviertel. Seine Bedeutung stieg erst mit dem Bau der Westbahn, wodurch das südliche Waldviertel einen besseren Anschluß zur Reichshauptstadt erhielt. Versuche mit einem kleinen Dampfschiff ab 1882 endeten schon fünf Jahre später, als das Schiff ein Frachtschiff rammte und mit mehreren Passagieren sank. Schließlich wurde auch hier 1897 der Verkehr mit Rollfähren begonnen. Hierbei wurde für den Sommer ein größeres Fährschiff von 23 Tonnen Tragkraft, für die Winter-

Rollfähre Melk um 1906. Nach der Eröffnung der Straßenbrücke 1972 eingestellt.

monate ein kleineres mit 5 Tonnen verwendet. Ab 1931 war ein größeres Fährschiff mit 35 Tonnen im Betrieb, das aber dem Zweiten Weltkrieg zum Opfer fiel. 1946 wurde der Fährbetrieb wieder aufgenommen, nach Eröffnung der Straßenbrücke 1972 endgültig eingestellt. Die Leistung der Überfuhr betrug im Jahre 1908 115.000 Personen, 9500 Fuhrwerke und 4700 Fahrräder. Es folgten 1936 204.000 Personen, 11.500 Pkw, 9000 Lkw, 1000 Autobusse, 8650 Motorräder, 7500 Fuhrwerke und 16.550 Fahrräder. Im Jahre 1952 waren es 390.000 Personen, 30.500 Pkw, 19.550 Lkw, 5160 Autobusse, 87.000 Motorräder, 2360 Fuhrwerke und fast 100.000 Fahrräder.

In der Wachau, einem Gebiet mit bewaldeten Berghöhen an beiden Ufern und wenigen gangbaren Seitentälern, hatten Überfuhren nie eine große Rolle gespielt. Zwischen den Ufergemeinden gab es von alters her Zillenüberfuhren, so bei Aggsbach, Groisbach, Spitz, Weißenkirchen und Dürnstein. Heute gibt es noch Motorbootüberfuhren für Personen und Fahrräder in Aggsbach und Aggstein. Erst 1928 wurde zwischen Spitz und Arnsdorf eine Rollfähre in Betrieb genommen. Diese ging am 5. Jänner nach einem Seilriß durch starken Wasserdruck verloren, wobei eine Person ertrank. Der Schiffskörper wurde erst bei Traismauer angeschwemmt. Die neue Rollfähre wurde 1945 zu Kriegsschluß gesprengt und durch eine kleine hölzerne Fähre der Schiffswerft Meyer aus Aggsbach ersetzt.

Schon 1948 wurde eine neue eiserne Fähre von der Schiffswerft Linz mit einer Tragkraft von 20 Tonnen in Betrieb genommen. Sie ist noch heute ganzjährig im Einsatz. 1970 betrug ihre Transportleistung 106.000 Personen, 20.900 Pkw plus Traktoren, 1125 Lkw, 191 Autobusse, 800 Motorräder und 2700 Mopeds und Fahrräder. Im Jahre 1983 waren es 86.000 Personen, 15.600 Pkw plus Traktoren, 400 Lkw, 4 Autobusse, 460 Motorräder sowie 1400 Mopeds und Fahrräder. Bei den Schwerfahrzeugen wirkte sich bereits die Brücke bei Melk aus.

Ebenfalls heute noch im Einsatz, allerdings nur von Ostern bis Allerheiligen, ist die 1925 in Betrieb genommene Rollfähre von Weißenkirchen nach St. Lorenz bei Rührsdorf. Die Frequenz ist im Anrainerverkehr ständig leicht fallend.

Die Bedeutung der beiden letztgenannten Rollfähren liegt heute vor allem im Ausflugs- und Fremdenverkehr. Das gleiche gilt für die 1911 fertiggestellte Rollfähre von Dürnstein nach Rossatzbach. Seit 1975 ist die Rollfähre durch eine weniger aufwendige Motorbootüberfuhr ersetzt. Diese Überfuhr war übrigens die einzige Rollfähre, die zum Transport für Personen und nicht für Kraftfahrzeuge Verwendung fand.

Nach dem Austritt der Donau aus der Wachau weitet sich das Flußbett wieder, die Stromgeschwindigkeit nimmt ab und ermöglicht den wichtigsten Donauübergang auf dem Gebiet des heutigen Niederösterreich. Es ist dies der Weg vom Voralpenland durch das Krems- bzw. Kamptal in das Waldviertel über Eggenburg, Retz und Znaim nach Mähren. Die Bedeutung wird schon dadurch unterstrichen, daß sich bei diesem Übergang drei bedeutende Orte – Krems, Stein und Mautern – bildeten, und daß hier die erste feste Brücke in diesem

Die 1928 in Betrieb genommene Rollfähre Spitz–Arnsdorf.

Gebiet errichtet wurde. Der Donauübergang Mautern ist schon aus der Römerzeit bezeugt, hatte aber sicher schon in der Eisenzeit große Bedeutung.
Bereits 1463 wurde die erste feste Holzbrücke erbaut. Trotz ständiger Beschädigungen war sie es wert, von den drei Ufergemeinden immer wieder hergerichtet zu werden. Schließlich wurde sie 1895 durch eine eiserne Fachwerkbrücke ersetzt. Zu Kriegsschluß 1945 wurden einige Felder herausgesprengt. Diese wurden durch Kriegsbrückenteile ersetzt, die heute noch ihren Dienst tun.
Schon 1889 wurde die Straßenbrücke von Mautern durch die Eisenbahnbrücke bei Krems für die Bahnverbindung nach St. Pölten ergänzt. Auch die Eisenbahnbrücke wurde zu Kriegsschluß gesprengt. Von 1948 bis 1949 wurde sie durch eine Rollfähre ersetzt, 1951 wurde die neue Brücke eröffnet. Daß dieser Donauübergang auch heute nichts von seiner Bedeutung verloren hat, unterstreicht der Bau der Schnellstraßenbrücke, die 1973 dem Verkehr übergeben wurde.
Unterhalb von Krems gab es vor dem Bau des Kraftwerkes Altenwörth zeitweise eine Motorbootüberfuhr von Hollenburg am rechten Ufer nach Theiß.
An der alten Traisenmündung gab es seit 1904 eine Rollfähre, welche die Stadt Traismauer mit Grafenwörth und den umliegenden Orten verband. Auch diese Überfuhr hatte keine überregionale Bedeutung. Die Rollfähre wurde ebenfalls 1945 gesprengt, 1947 wurde der Verkehr für den Gütertransport wiederaufgenommen, mit Beginn des Kraftwerksbaues aber wieder eingestellt. Der nächste Übergang mit überregionaler Bedeutung ist jener von Tulln. Vor allem der Weg vom westlichen Wienerwald über Tulln, Hollabrunn und Znaim nach Mähren hatte durch Jahrhunderte hindurch Bedeutung. Schon 1825 wurde hier die erste fliegende Brücke in Niederösterreich in Betrieb genommen, aber schon 1841 wegen ständiger Mängel wieder eingestellt. Im Jahre 1850 wurde die erste hölzerne, feste Brücke errichtet. Es folgte 1869 die erste hölzerne Eisenbahnbrücke für die Linie Wien – Gmünd – Prag. Drei Jahre später wurde diese Brücke durch eine eiserne Kastenträgerbrücke ersetzt, auf denselben Brückenpfeilern errichtete man eine neue Straßenbrücke. Die Stadt Tulln mußte dafür gleichzeitig auf ihr Urfahrrecht verzichten. Zu Ende des Zweiten Weltkrieges wurde die Doppelbrücke gesprengt und 1946–1950 durch eine Rollfähre ersetzt, die nach Eröffnung der neuen Doppelbrücke wieder eingestellt wurde.
Für den unmittelbaren Nahverkehr gab es unterhalb von Tulln zeitweise eine Reihe von Motor- und Zillenüberfuhren. Noch heute bestehen solche Überfuhren für den Freizeitverkehr am Wochenende bei Langenlebarn, Muckendorf und Greifenstein.
Die Stadt Stockerau, die heute über 3 km von der Donau entfernt liegt, besaß früher eine bedeutende Überfuhr. Der Stockerauer Arm des heutigen Krumpenwassers war vor der Donauregulierung zeitweise der Hauptarm der Donau. Seit Jahrhunderten hatte die Stadt das Urfahr(-Recht), welches sie ermächtigte, Schiffsverkehr in Naufahrt Richtung Wien und Gegenfahrt in Richtung Krems zu betreiben. Nachdem der Stockerauer Arm Ende des 18. Jahrhunderts zu verlan-

den begann und die Schiffahrt einen südlicheren Arm wählte, gab die Stadt 1807 das Urfahr(-Recht) auf und baute eine Brücke mit einem Fahrweg zum Hauptgerinne über den Altarm. Nachdem die 1. DDSG die Dampfschiffahrt 1836 auch von Wien flußaufwärts aufnahm, entwickelte sich ein reger Güter- und Personenverkehr zur Landestelle der Dampfschiffe.

Schon fünf Jahre später zog jedoch die 1841 eröffnete Flügelbahn der Nordbahn von Jedlesee nach Stockerau diesen Verkehr an sich, und der Landeplatz von Stockerau am Donauhauptarm wurde aufgelassen. Erst mit dem Bau des Kraftwerkes Greifenstein erhielt Stockerau wieder einen Straßenanschluß an die Donau, der aber ohne wirtschaftliche Bedeutung für eine Überfuhr war.

Der nächste bedeutende Übergang befindet sich zwischen Korneuburg und Klosterneuburg. Korneuburg war früher ein Ortsteil von Klosterneuburg, nur durch einen einzelnen Donauarm getrennt. Erst mehrere große Überschwemmungen und Verlagerungen des Hauptarmes des Flusses machten schon im Hochmittelalter die Verlegung von Korneuburg weiter nach Norden notwendig, wodurch dieses eine eigene Gemeinde wurde. Über die Furt bzw. die Überfuhr an dieser Stelle begann unter den frühen Babenbergern die endgültige deutsche Besiedelung des Weinviertels, beginnend vom Korneuburger Becken über Ernstbrunn Richtung Norden und Nordosten. Auch nach Ende der Landnahme hatte der Übergang seine Bedeutung weiter behalten, als Verbindung zwischen der Landeshauptstadt Wien und dem westlichen Weinviertel, und über Znaim in das westliche Mähren. Durch den Bau der ersten Brücke bei Wien im Jahre 1439 ging seine Frequenz etwas zurück. Erst 1892 wurde eine Fliegende Brücke errichtet, mit welcher bis 1928 der Verkehr bewältigt werden konnte. Der große Eisstoß im kalten Winter 1928/29 vernichtete diese Holzfähre, welche schließlich 1935 durch eine eiserne Rollfähre ersetzt wurde. Diese wurde 1945 ebenfalls zerstört, bis zur In-Dienst-Stellung der neuen Rollfähre 1949 mußte man sich mit einem Notverkehr behelfen. Nach langen Verhandlungen wurde 1984 Einigung über den Bau einer Brücke zwischen Klosterneuburg und Korneuburg zwischen Bund, Land und den Gemeinden erzielt.

Auf beiden Seiten begannen die Arbeiten, die Pfeiler wuchsen in die Höhe. Doch dann erklärte eine Klosterneuburger Bürgerinitiative: *„Die Aulandschaft darf nicht zerstört werden"* – der Bau wurde gestoppt.

Die Verkehrsfrequenz der Fliegenden Brücke betrug im Jahre 1919 58.000 Personen, 1135 Fuhrwerke, 60 ein- und mehrspurige Kraftfahrzeuge und 1900 Fahrräder, 1938 aber 62.000 Personen, 38.000 Pkw und Kleinbusse, 850 Lkw und Busse, 3100 Motorräder und Mopeds, sowie 10.000 Fahrräder. Im Jahre 1949 lief die neue Rollfähre von Stapel. Mit einer Länge von 22 Metern und 11 Meter Breite beförderte sie 1990 35.000 Pkw, 10.000 Fahrräder und 35.000 Personen über die Donau.

Im Frühjahr 1991 war jedoch im Winterhafen am Gelände der Korneuburger Werft Endstation. Bei einer Routineuntersuchung stellten sich Rostschäden an

den Schwimmkörpern heraus. Die Rollfähre mußte ihren Dienst einstellen und liegt seitdem im Winterhafen. Die Fragen – wer übernimmt die Reparaturkosten von ca. 3 Millionen Schilling?, wer kauft eine neue Fähre um 11 bis 12 Millionen?, wer baut den Landungssteg aus? – werden von den beiden Gesellschaftern der „Rollfähren Ges.m.b.H." der Städte Klosterneuburg und Korneuburg noch immer geprüft, die Wiederaufnahme des Fährbetriebes ist noch ungewiß.
Unterhalb von Wien gab es zeitweise Zillenüberfuhren zwischen Fischamend (rechtes Ufer) und Schönau (linkes Ufer), Haslau (rechts) und Orth (links) sowie Hainburg (rechts) und Markthof (links), die nur die unmittelbaren Donauorte miteinander verbanden.
Ein etwas weiter reichendes Einzugsgebiet hatte die 1921 errichtete Rollfähre von Deutsch-Altenburg nach Stopfenreuth, welche die Bezirke Bruck an der Leitha und Gänserndorf verband.
Dieser Übergang hatte jedoch in früheren Zeiten eine viel größere Bedeutung. Schon seit der Bronzezeit querte hier die sogenannte Bernsteinstraße, auf der dieser Schmuckstein von den Fundstätten an der Küste Ostpreußens nach dem Balkan transportiert wurde, die Donau. Höhensiedlungen der Kelten und die große Römerstadt Carnuntum kontrollierten den Übergang. Die Markomannen und Quaden brachen hier in das Römische Reich ein, und die Römer unternahmen von hier aus ihre Strafexpeditionen nach Norden. Erst im Mittelalter ging die Bedeutung dieses letzten Überganges an der niederösterreichischen Donau deutlich zurück. Mit der Eröffnung der Donaubrücke knapp unterhalb von Bad Deutsch-Altenburg im Jahre 1972 stellte auch diese Rollfähre ihren Betrieb ein. Sie hatte 1952 rund 37.000 Personen und 47.000 Kraftfahrzeuge inkl. Insassen transportiert. Aus diesen Zahlen ist ersichtlich, daß hier auch kein lokaler Bedarf für einen Übergang bestand. Nur Kraftfahrer aus den politischen Bezirken Bruck an der Leitha und Gänserndorf ersparten sich den großen Umweg über die Brücken im Wiener Raum.

Die Donaubrücke Melk

Wie bereits im Kapitel „Donauübergänge in Niederösterreich“ erwähnt, war die Überfuhr Melk nur für den Lokalverkehr von Bedeutung. Sie bildete die letzte Übersetzstelle vor der Wachau und verband den Nibelungengau mit den Orten im Weitental und dem südlichen Waldviertel. Erst der Bau der Westbahn ließ die Bedeutung steigen, da die Verbindung des südlichen Waldviertels zur damaligen Reichshauptstadt Wien wesentlich besser wurde. Im Verwaltungsbezirk Melk und im gesamten anschließenden Gebiet des Waldviertels bestand daher – zumindest seit Errichtung der genannten Bahnverbindung – der Wunsch und Bedarf einer festen Nord-Süd-Verbindung der durch die Donau getrennten Landesteile.

In einer Denkschrift Anfang 1967 wird auf die dringende Notwendigkeit einer Donaubrücke im Raum Melk hingewiesen. Unter anderem verweist man auf die oft wochenlang andauernde gänzliche Unterbrechung der Nord-Süd-Verbindung durch Hoch- oder Niederwasser, Eistreiben oder Nebel, weiters auf die Verbesserung der Strukturverhältnisse in den nördlich der Donau gelegenen Gebieten – oder auf die große Entfernung zwischen den beiden zur Zeit bestehenden Donaubrücken Ybbs und Krems, aber auch auf die langen Unterbrechungszeiten des Rollfährbetriebes infolge des immer stärker werdenden Schiffsverkehrs auf dem Strom.

Wie groß die Anforderungen an den Fährbetrieb bereits sind, zeigt die Denkschrift wie folgt auf:

Im Jahre 1966 wurden befördert:

Personen	638.000
Fahrräder	48.000
Motorräder	36.000
Pkw	160.000
Lkw	12.000
Autobusse	7000

Diese Frequenz wird ohne Zweifel bei Vorhandensein einer Brücke noch um ein Vielfaches ansteigen. Soweit die Denkschrift.

Im Jahre 1968 war die Planung der Brücke im Gange, 1971 der Bau, und 1972 fand bereits die Eröffnung statt. Die Überfuhr hatte ausgedient.

Das Tragwerk der insgesamt 832 Meter langen und 13 Meter breiten Brücke wurde in Spannbeton ausgeführt und besteht aus zwei Hauptfeldern von je 190 Meter Stützweite, welche zwischen drei Hauptpfeilern, nämlich einem Strompfeiler und zwei Uferpfeilern, liegen. Die an beiden Ufern anschließenden beiden Flutbrücken haben Stützweiten von 50 bis 65 Meter.

Die Donaubrücke zwischen Stein und Mautern

In politischer Hinsicht zeigt sich die Bedeutung von Alt-Krems, daß daselbst wiederholt Landtage abgehalten wurden. Es mag nicht geringe Schwierigkeiten gegeben haben, in der verhältnismäßig kleinen Stadt 18 Prälaten, 18 Herren, 59 Ritter und 20 Städtevertreter unterzubringen, wobei gewiß die 25 geistlichen Höfe, welche sich durch größere Bauart auszeichneten, zustatten kamen, so unliebsam die geistigen Freihöfe zu Zeiten den Bürgern waren. Unter den sogenannten mitleidenden landesfürstlichen Städten und Märkten in Österreich unter der Enns nahm Krems den ersten Platz ein.

Im 15. Jahrhundert befand sich Krems auf dem Höhepunkt der Entwicklung. Es galt als die vornehmste Stadt nach Wien. Die Bürger bauten sich aus eigenen Mitteln zwei große, schöne Kirchen. Fremde Städte wandten sich nach Krems um Hilfe, und selbst die Landesfürsten nahmen von der finanziell gutstehenden Stadt wiederholt Darlehen.

Insbesondere geschah dies durch Kaiser Friedrich III., der zu dem Stadtrat in einem so patriarchalischen Verhältnisse stand, daß er ihn öfter um Vermittlung in Heiratsangelegenheiten seiner Dienerschaft anging. Wie schon oben erwähnt, anerkannte er die loyale Ergebenheit der Bürgerschaft gegenüber dem Landesfürsten und goß das Füllhorn seiner kaiserlichen Gnade über die Stadt aus. Manche der von ihm erteilten Privilegien hatten nur einen akademischen Wert, wie z. B. das Münzrecht, die Bürgermeisterwahl, das Recht des Handels mit Venedig, das Recht, mit rotem Wachs zu siegeln.

Von umso größerer Bedeutung war die Bewilligung zur Errichtung einer festen Brücke über die Donau, da eine solche auf der ganzen Strecke von Passau bis Wien fehlte und dadurch der Verkehr zwischen den beiden Ufern gefördert wurde. Von Vorteil war auch die Befreiung der Kremser von der Brückenmaut in Stein und die Gewährung der Mautfreiheit in allen Erbländern für den Kauf und Verkauf ihrer Weine und Waren, sowie die Niederlage und der Handel mit Gmundener Salz.

Alle diese Privilegien bestätigte Kaiser Friedrich III. in einer auf 14 Pergamentblättern ausgestellten Urkunde, an welcher seine goldene Bulle hängt. In der Urkunde erwähnt der Kaiser den *„willigen Dienst"* der Stadt Krems während seiner Belagerung in der Burg zu Wien und die *„Darstreckung von Leib und Gut"* in den schweren Widerwärtigkeiten mit König Mathias von Ungarn, als dieser etliche Jahre alle Straßen um Krems innegehabt hatte.

Die alte Holzbrücke, im Volksmund „Gatter" genannt, hatte ursprünglich eine Gesamtlänge von 481 Meter. Sie überspannte die Donau zwischen zwei befestigten Brückenköpfen in etwa 7 Meter Höhe über dem Steiner Nullpegel. In den dreißiger Jahren des 19. Jahrhunderts wurde die Brücke durch Vorschiebung des rechtsseitigen Landpfeilers auf 387,9 Meter verkürzt und der Oberbau mit einer Steigung gegen die Mitte angelegt, um eine größere Durchfahrtshöhe für die

Schiffahrt zu erreichen. Die Fahrbahn stieg nunmehr von 6,45 Meter an den Landpfeilern auf 9,85 Meter in der Strommitte an. Sie überspannte mit 20 Brückenfeldern von je 17 bis 22 Meter lichter Weite die Donau. Diese Brückenfelder ruhten am Ufer auf den sogenannten Landpfeilern und im Fluß auf 19 hölzernen Doppeljochen. Der Brückenmeister in Krems mußte stets einen für acht Joche und neun Brückenfelder ausreichenden Vorrat an entsprechendem Holz auf Lager halten, um im Katastrophenfall eine rasche Instandsetzung der Brücke zu gewährleisten. Alles in allem erforderte die Erhaltung der Brücke in den letzten Jahren ihres Bestandes durchschnittlich 16.000 Gulden im Jahr.
Um 1800 hatte die Brücke 29 Joche, davon 7 auf der Insel vor Mautern und drei im dortigen Gerinne zwischen Insel und Ufer; ab 1866 waren es dann nur mehr 20 Joche, da Insel und Gerinne schon festes Ufer geworden waren, eine Folge der Regulierungsarbeiten in der Donau bei Mautern.
Die Brücke Kaiser Friedrich III. hatte im Laufe der Zeit ein wechselvolles Schicksal. Die Fluten der Donau fügten sich nicht leichthin unter das ihnen auferlegte Joch, und Hochwasser und Eisgänge rüttelten oft gewaltig an dem einfach gezimmerten Holzbau. Den Schiffern war sie ein gefürchteter Engpaß, und gar manches Fahrzeug, das den Strom herabkam, ist an ihren Jochen jämmerlich zerschellt, ungezählte Menschen fanden dabei ihren Tod. Der Stromgott forderte seine Opfer.
So ereignete sich am 30. November 1882 ein schweres Unglück. Der Personendampfer „Kronprinz Rudolph“, der ein beschädigtes leeres Frachtschiff im Schlepptau hatte, streifte bei der Durchfahrt unter der Brücke mit dem Frachtschiff das Joch Nr. 11, welches weggerissen wurde, so daß die beiden Brückenfelder auf das Schiff niederfielen, dessen Untergang nur mit Mühe verhindert werden konnte. Bei diesem Unfall kam eine Frau, die mit der Brücke ins Wasser stürzte, ums Leben.
Zwei Jahre später, am 2. September 1884, passierte der Kettendampfer „Traun“ in der Talfahrt die Brücke, wobei drei von ihm gezogene beladene Schlepper an den Jochen Nr. 13, 14 und 15 hängenblieben und diese zum Teil schwer beschädigten. Die Brücke blieb zwar erhalten, aber die Schlepper versanken in den Fluten und konnten nur dadurch geborgen werden, daß man ein Brückenjoch opferte, um Raum für die Aufstellung der Hebeschiffe zu bekommen. Beim Anprall der Schlepper an die Joche wurde der Steuermann in die Donau geschleudert und ertrank. Auch die Ladung im Wert von 200.000 Gulden war verloren. Dieses Ereignis war Anlaß dafür, daß die Leitung der Donau-Dampfschiffahrts-Gesellschaft, die die Verantwortung für den Unglücksfall trug, sich entschloß, das Joch Nr. 14 gänzlich zu entfernen und die beiden Joche 13 und 15 durch ein 39,4 Meter langes Brückenfeld in Eisenkonstruktion zu überbrücken, um die Brückendurchfahrt zu erleichtern. Die Reparatur verursachte eine Verkehrsstörung von 4 Monaten.
Viel gefährlicher aber wurde der Brücke ihre große strategische Bedeutung.

Feindesgefahr hatte oftmalsden Kremsern und Steinern den Übergang geraubt. Zum erstenmal wurde sie im Jahre 1575 abgetragen, aus Furcht vor den Türken, und aus gleichem Anlaße im Jahre 1683. Am 9. November 1805 kam der russische General Kutusow auf seinem Rückzug von Ulm über Mautern nach Krems. Um die nachdrängenden Franzosen aufzuhalten, steckte er in der Nacht die Brücke in Brand, sie wurde bis auf zwei Joche am linken Ufer vernichtet. Auch das Unglücksjahr 1866 war für die Brücke verhängnisvoll. Am 15. Juli, nachmittags 3 Uhr, wurden 6 Joche, und am 17. Juli abends weitere 6 Joche durch das k. k. Militär abgebrannt. Eine Rolle spielte die Brücke auch im Jahre 1848. Als nach den traurigen Ereignissen vom 6. Oktober Kaiser Ferdinand Wien abermals verlassen mußte, reiste er über Sieghartskirchen und Herzogenburg nach Krems und von da nach Olmütz. Um dem Kaiser einen ungestörten Donauübergang zu sichern, wurde am 8. Okt. die Brücke von einer Batterie mit 6 Kanonen und zwei Mörsern nebst dem 4. Bataillon Deutschmeister und dem 12. Jägerbataillon besetzt.
Ausschlaggebend für den langersehnten Beschluß, die ganze seit Ende des 15. Jahrhunderts bestehende Holzbrücke durch eine den zeitgemäßen Ansprüchen genügende Eisenbrücke zu ersetzen, waren aber erst die schweren Beschädigungen durch den Eisstoß im Winter 1892/1893. Die Festsetzung des Donaueises erfolgte diesmal im Gefällsbereich der Donau bei Gönyö in Ungarn. Er erreichte auf niederösterreichischem Gebiet eine Länge von 178 Kilometer. Am 9. Februar 1893 setzte sich der Eisstoß in Bewegung und begann sein Zerstörungswerk.
Am nächsten Morgen bot die Brücke ein trauriges Bild. Die Joche 16 und 17 mit den dazugehörigen Brückenfeldern waren verschwunden, in den linksseitigen Jochen waren die schrägen Eispiloten fast durchgehend vom Eis durchbrochen, und die tragenden Piloten waren tief abgeschliffen, so daß ihre Tragfähigkeit stark vermindert war. In Tag- und Nachtarbeit gelang es zwar, die Schäden durch Neubau von zwei Jochen und einer neuen Fahrbahn soweit zu beheben, daß ein eingeschränkter Verkehr notdürftig wieder aufgenommen werden konnte. Die restlose Beseitigung aller Schäden wäre aber praktisch einem völligen Neubau der Holzkonstruktion gleichgekommen.
Die veranschlagten Gesamtkosten von 800.000 Gulden wurden von dem niederösterreichischen Landtag mit 200.000 Gulden, weitere 200.000 Gulden seitens der Donau-Regulierungs-Commission, der Rest vom Staat sichergestellt.
Nach Streitgesprächen über den Standort einigte man sich, die neue Eisenbrücke stromaufwärts neben der alten Holzbrücke zu bauen. Die Auffahrrampe am linken Donauufer bei Stein wurde um 93 Meter stromaufwärts verlegt, am rechten Ufer bei Mautern um 17 Meter, wodurch die Brücke senkrecht zur Donau zu stehen kam und die Länge zwischen den beiden Fahrbahnabschlußträgern nur 376,6 Meter erforderte.
Bei der Bauvergabe erhielt die Firma Ernst Gärtner als Bestbieter den Zuschlag für die Unterbauarbeiten einschließlich der Rampen. Den Auftrag für die Kon-

Straßenbrücke bei Krems/Stein–Mautern. Zustand um 1930.

struktion und den Bau des eisernen Oberbaues erhielten die Eisenkonstruktionsfirmen Ignaz Gridl und die Firma R. Ph. Waagner (heute Waagner-Biró AG), welche die Herstellung der Eisenkonstruktion im Inundationsfelde der Prager Brückenbauanstalt der ersten Böhmisch-Mährischen Maschinenfabrik, und die Fahrbahnpflasterung der Firma John Bluthe in Wien übertrugen.
Man entschloß sich, mit dem Bau des dritten Pfeilers zu beginnen, für den die längste Bauzeit erforderlich schien. Vom rechten Donauufer aus wurde an der Holzbrücke ein Arbeitssteg montiert, und von diesem aus begann man an der berechneten Stelle des Pfeilers mit der Aufstellung des Pfeilergerüstes. Auf diesem Gerüst wurde der zum Absenken bestimmte Caisson montiert und so aufgehängt, daß er dem Baufortschritt des Pfeilers entsprechend abgesenkt werden konnte. Für den Pfeilerbau wurde also die damals übliche sogenannte Druckluftgründung angewendet.
Bereits im Frühjahr 1894 konnte mit der Aufstellung der Montagegerüste für die Eisenkonstruktion begonnen werden.
Die neue Brücke besteht aus 5 Feldern, von welchen das linksseitige (Inundations-)Feld einen Parallelträger auf 40 Meter Lichtweite, dagegen die übrigen je 80 Meter weiten Stromfelder Halbparallelträger, sämtlich mit Fahrbahn unten, erhielten; im Unterbau sind außer den beiderseitigen Rampen zwei Land-, ein Trennungs- und drei Strompfeiler vorhanden.
Die Brücke hat zwischen den beiderseitigen Fahrbahnabschlußträgern eine Länge von 376,6 Meter, in den Stromfeldern eine lichte Höhe von 10,7 Meter

über dem Nullpunkt des Steiner Pegels, wobei die zwischen den beiden Hauptträgern liegende, mit Holzstöckeln auf Beton gepflasterte Fahrbahn eine Breite von 5,7 Meter, und die beiderseits außen angeordneten Fußwege mit Pfostenbelag eine Breite von 1,8 Meter erhielten.
Die Pfeiler wurden mit Quadern und Hackelsteinen aus Gmündner Granit verkleidet, während das verwendete Eisenmaterial („Martinflußeisen") in den Werken von Kladno und Witkowitz erzeugt wurde.
Im Frühjahr 1895 war die neue Brücke fertig, und nach Kollaudierung und Abnahme seitens einer Kommission der Militärverwaltung sowie nach einer Belastungsprobe fand am 18. Mai 1895 die übliche Eröffnungsfeier statt.
Der Zweite Weltkieg verschonte auch diese Brücke nicht. In den letzten Kriegstagen wurden die zwei südlichen Joche von der zurückweichenden deutschen Armee gesprengt. Die Firma Waagner-Biró ersetzte die beiden Joche durch den Einbau von sogenannten „Brückengeräten", Bauart „System Rath-Waagner", so daß die Brücke 1946 wieder dem Verkehr übergeben werden konnte.
Um die Tragfähigkeit zu erhöhen, wurden im Jahr 1961 die neu eingebauten Brückenfelder durch einen Seilunterzug verstärkt.

Nach der Teilzerstörung in den letzten Kriegstagen 1945 ersetzte Waagner-Biró die fehlenden Brückenfelder.

Die Eisenbahnbrücke Krems

In den siebziger Jahren des vorigen Jahrhunderts wurden im Tullner Becken und im Raum Krems die Bahnlinien von Tulln über Traismauer und Herzogendorf nach St. Pölten sowie die Stichbahn von Absdorf nach Krems errichtet. Schon bald danach wurde die Bahn über die Donau nach Herzogenburg verlängert. Erst dreißig Jahre später erfolgte der Weiterbau von Krems entlang der Donau bis Mauthausen.

Die Kremser Eisenbahnbrücke über die Donau ist also über hundert Jahre alt und hat ein wechselvolles Schicksal hinter sich. Während die beim Bahnbau errichteten Pfeiler noch heute funktionsfähig sind, waren die Alterungserscheinungen bei den Tragwerken nicht mehr zu übersehen. Aus diesem Grund konnte die Brücke bei aller Nachsicht nur mehr mit einer wesentlichen Einschränkung der vom Bahnbetrieb her möglichen Lasten befahren werden.

Von insgesamt dreizehn Tragwerken waren drei kriegszerstört. Diese wurden bereits 1948 erneuert. Zwischen 1986 und 1990 wurden weitere sieben Tragwerke ausgewechselt. Im Jahre 1991 wurden die Arbeiten mit dem Ersatz der letzten drei alten Tragwerke beendet.

Das gesamte Objekt besteht aus 13 Öffnungen. Es gibt vier Stromöffnungen mit je 82 m Stützweite (Fachwerkparabelträger); rechtsufrig vier Vorlandtragwerke mit je 30 m Stützweite; linksufrig drei Vorlandtragwerke mit je 30 m Stützweite und zwei Vorlandtragwerke mit je 61 m Stützweite. Die Gesamtlänge beträgt also rund 660 Meter.

Zwei Stromtragwerke und ein rechtsufriges Vorlandtragwerk wurden – wie bereits erwähnt – im Jahre 1948 erneuert. Das Gewicht der gesamten Stahlkonstruktion beträgt 2200 Tonnen.

Gleichzeitig mit der Erneuerung wurde auch die Anhebung der Konstruktionsunterkante der Brücke um ca. 65 cm vorgenommen. Dies war notwendig geworden, weil seit der Errichtung des Donaukraftwerkes Altenwörth und des damit verbundenen Rückstaus die für den sogenannten Eurokahn erforderliche Lichtraumhöhe von 8 m nicht mehr gewährleistet war. Der Schiffsverkehr wird jetzt über zwei Öffnungen abgewickelt. Bis zum Zeitpunkt der Hebung standen der Schiffahrt vier Öffnungen zur Verfügung.

Erschwerend für die Bauarbeiten waren die vorgeschriebenen Auflagen wie kurze betriebliche Einschränkungen (max. 14 Tage), sowie keine wesentliche Beeinträchtigung der Schiffahrt. Die 30 m langen Tragwerke wurden zur Gänze neben dem bestehenden Brückenobjekt vormontiert, die 60 m langen Tragwerke wurden auf sogenannten Pfeilerbauten errichtet und anschließend als Ganzes mit Eisenbahn- bzw. Mobilkränen eingehoben. Die 80 m langen Stromtragwerke errichtete man auf einem Vormontageplatz, um sie dann von einer Schwimmkraneinheit, bestehend aus einem 80-t- und einem 200-t-Schwimmkran mit dazwischenliegender Schute, einschwimmen zu lassen.

Die Gesamtkosten für seit 1986 laufende Auswechselung der zehn alten Brückenteile betragen 100 Millionen Schilling, wovon 88 Millionen für die Stahlarbeiten und 12 Millionen für die Adaptierung der Pfeilerköpfe aufgewendet werden. Die beiden zuletzt ausgewechselten Stromtragwerke verschlangen nochmals rund 50 Millionen.

Die Schnellstraßenbrücke Melk

Wie im Kapitel „Die Donauübergänge in Niederösterreich" erwähnt, wurde im Jahre 1973 eine Brücke in Betrieb genommen, die die Schnellstraße S33 bei Stromkilometer 1999.770 über die Donau weiter nach Norden führt.
Diese S33 – sie kommt aus dem Raume Herzogenburg-Traismauer – zeigt auf, wie wichtig der Brückenstandort Krems auch heute noch ist.
Da ich – aus welchen Gründen auch immer - keine konkreten Unterlagen über die Brücke auftreiben konnte, muß ich es bei diesen Hinweisen belassen.

Die Eisenbahn- und Straßenbrücke Tulln

Im Jahre 1866 steht das Bahnwesen in Österreich mitten in seiner Entwicklung. 1832 wurde der erste Schienenstrang errichtet, die von Gerstner projektierte Pferdeeisenbahn Linz–Budweis. Aber die Zukunft gehörte der Dampflokomotive. Die Regierung erteilte dem Bankhaus Rothschild die Konzession zur Erbauung einer Lokomotivbahn zwischen Wien und Galizien, und am 24. November 1837 rollte der erste Eisenbahnzug der „Kaiser-Ferdinand-Nordbahn" von Floridsdorf nach Wagram. Im nächsten Jahr entstanden die Bahnlinien Wien–Gloggnitz und Mürzzuschlag–Triest. Im Sturmjahr 1848 begann Ingenieur Ghega sein kühnes Projekt zu verwirklichen, die Bahn über den Semmering zu führen. Es gelang in mehrjähriger harter Arbeit, womit Österreich, zum Erstaunen der Welt, das Wunder der ersten Bergbahn schuf. 1856 trat die „k. k. priv. Kaiserin-Elisabeth-Westbahn-Gesellschaft" ins Leben.
Nun geht es um die Konzession für den Bau der „Franz-Josephs-Bahn". Man gewinnt den viel umworbenen Eisenbahnfachmann Matthias Ritter von Schönerer – er hat als junger Ingenieur beim Bau der Pferdeeisenbahn Linz–Budweis mitgewirkt –, und der Präsident des Eisenbahnkomitees, Fürst Schwarzenberg, kann seinen Mitverantwortlichen den Text der Konzessionsurkunde zum Bau und Betrieb einer Lokomotiveisenbahn von Wien über Tulln, Absdorf, Maissau, Gmünd, Budweis, Pilsen nach Eger, mit einer Zweigbahn von Gmünd über Wittingau–Tabor nach Prag, zur Kenntnis bringen.
Das Problem der Streckenführung über die Donau lag bei Tulln. Die Gesellschaft der Franz-Josephs-Bahn hatte bereits eine hölzerne Notbrücke errichtet, trotzdem gab es unter den Mitgliedern der Spezialkommission – Handelsministerium, Fachexperten der Donauregulierungskommission und sonstiger Sachverständiger sowie ein Vertreter des Oberhofmeisteramts – gegensätzliche Meinungen und Befürchtungen, ob die Holzbrücke der Belastung standhalten werde. *„Die Nordbahnbrücken sind ja auch aus Holz"*, so die Optimisten, *„Das Beste wäre, die Eröffnung der Teilstrecke Eggenburg–Wien solange zu verschieben, bis die neue Gitterbrücke in Tulln erbaut ist"*, meinten die Pessimisten.
Nach Begutachtung von der Brücke aus und der Brücke selbst wird eine Belastungsprobe angeordnet. Eine schwere Lokomotive zieht mit Schotter beladene Waggons über die Rampe, der Lastzug nimmt die gesamte Brücke in Besitz. Die Nachschublokomotive hat nur mehr auf der Rampe Platz.
„Die Brücke trägt momentan ein Gewicht, wie niemals mehr in der Zukunft", erklärt Generaldirektor Kogerer. Nach nochmaliger Messung wird die Zustimmung zur Benutzung der Brücke erteilt.
Diese erste Tullner Brücke – sie war zwar als Eisenbahnbrücke konzipiert, aber eine Gemeindedeputation erreichte 1965 beim Reichsrat zugleich die Errichtung einer Fahrspur für Fuhrwerke und Fußgänger – war also zugleich auch die erste Straßenbrücke für Tulln.

Durch die Kriegswirren der damaligen Zeit konnte aber erst im Mai 1869 der Bau begonnen werden. Aufgrund der stellenweise auftretenden Untiefen der Donau, die bis zu 19 Meter erreichten, mußten einige der 23 Joche – vier Land- und neunzehn Mitteljoche – mit Steinwurf gegen die Strömung gesichert werden. Darüber lagen die massiven Balkenkonstruktionen. Der einseitige Schienenstrang war mit einem Holzgeländer abgesichert. Es war damals schon klar, daß der Brücke keine allzu lange Lebensdauer gegeben wurde. Man erkannte bald, daß die vielen Joche im Strom die Schiffahrt beeinträchtigen und Eisgang sowie Hochwasser der Brücke gefährlich werden mußten.

Die Betriebsbewilligung wurde unter der Bedingung erteilt, daß die Geschwindigkeit der Züge zwei Meilen (ca. 15 km) pro Stunde nicht überschreitet. Wenn der Wasserstand der Donau auf 5.90 m ansteigen sollte, dann ist für diese Zeit das Befahren der Brücke einzustellen.

Im Juni 1870 erfolgte die bereits erwähnte Belastungsprobe, und am 23. des gleichen Monats rollte der erste planmäßige Zug über die 438 Meter lange hölzerne Donaubrücke.

Ende 1872, am 10. Dezember, wird die Bewilligung zum Bau einer neuen Eisenbahn- und Straßenbrücke – einer eisernen Gitterbrücke mit kombiniertem Gitterwerk und kontinuierlichen Trägern – erteilt.

Aus mehreren Bewerbern erhielt die französische Firma FIVE LILLE aus Paris als Bestbieter den Zuschlag, sie erstellte 1873 bis 74 die gemeinsame Eisenbahn- u. Straßenbrücke als Kastenbrücke über die Donau bei Tulln.

Die Eisenbahnbrücke war bereits im Jänner 1874 fertig, der erste fahrplanmäßige Zug aus Krems wird aber erst im Mai d. J. über die neue Brücke geführt.

Etwa 6 Monate später, genau am 13. Dezember, ist es soweit, daß auch die Straßenbrücke dem Verkehr übergeben werden kann.

28 Jahre später wird von den k. k. österreichischen Staatsbahnen – k. k. Staatsdirektion Wien – die Erneuerung des Tragwerkes für die Eisenbahnbrücke vorgeschlagen und auch genehmigt. Dieser Neubau wurde 1903 begonnen und 1905 beendet. Da der Verkehr nicht unterbrochen werden durfte, konnte nur abschnittsweise vorgegangen werden. Man verlegte als erstes den einspurigen Straßenverkehr in die Trasse des Gleises 2, das nicht befahren wurde. Dann erfolgte die Abtragung der Straßenbrücke und an deren Stelle der Neubau der Eisenbahnbrücke. Jetzt wurde der Eisenbahnverkehr auf die neue Brücke verlegt und anschließend die alte Eisenbahnbrücke zu einer zweispurigen Straßenbrücke umgebaut.

Wieder rollte der Verkehr, der mit seinen immer schwereren Lasten und steigender Frequenz eine arge Beanspruchung der Straßenbrücke wurde, 32 Jahre ohne Anstand über den Strom.

Nach einer Überprüfung der Pfeiler im Jahre 1937 sowie gleichzeitigen Stromgrunduntersuchungen – beides ergab positive Ergebnisse – begann man mit dem Neubau der Straßenbrücke. Die Pfeiler wurden beibehalten, die neue Brücke

stromabwärts auf Piloten gestellt, um die Pfeiler für den Neubau freizumachen. Im Feber 1939 konnte die neue Brücke bereits wieder eröffnet werden.
Als am 8. Mai 1945 die deutschen Truppen Tulln verließen, wurde die Tullner Donaubrücke gegen 20 Uhr gesprengt. Die Brückenfelder sackten zusammen. Von den fünf Öffnungen der Eisenbahn- und Straßenbrücke – die getrennten Tragwerke ruhten auf gemeinsamen Pfeilern – wurden vier zerstört. Die Straßenbrücke war nachhaltiger beschädigt als die schwerere Bahnbrücke.
Obwohl der zivile Verkehr anfangs nicht sehr bedeutend war, war die Tatsache, daß außer der Wr. Reichsbrücke zwischen Krems und der österreichisch-ungarischen Grenze kein weiterer fester Übergang bestand, dennoch für die Menschen äußerst unangenehm. Man war sich aber auch bewußt, daß der Wiederaufbau nicht so schnell möglich sein würde, und errichtete als Provisorium eine Fähre, die bereits im August 1945 in Betrieb genommen werden konnte. Diese einfache Fähre war natürlich wirklich nur Provisorium, daher ging man nach Beschlußfassung durch die Gemeindevertretung im April 1946 sofort an den Bau einer 30-Tonnen-Rollfähre, die schon am 10. November d. J. in Betrieb ging.
In der Zwischenzeit, und zwar ab Herbst 1945, begann die Fa. Waagner-Biró AG Wien gemeinsam mit dem Strombauamt die fast unmöglich erscheinende Aufgabe der Wiederherstellung der Eisenbahnbrücke. Erst mußten die gesprengten Brückenteile, die den Abfluß des Donauwassers behinderten, entfernt werden. Unter größten Anstrengungen waren im Jänner 1947 die störenden Teile gehoben. Mittels einer eigenen Hubbrücke, die auf Pfeilern errichtet und auf zwei 12 Meter hohen Stützen gelagert war, war es möglich, die abgestürzten Tragwerke zu überbrücken. Im Oktober 46 – zum Zeitpunkt, als die 800 Tonnen schwere Hubbrücke stand – konnte mit den erwähnten Arbeiten begonnen werden.
Nach dreijähriger Bauzeit, am 15. September 1948, eröffnete Bundeskanzler Dr. Hc. Ing. Leopold Figl die Eisenbahnbrücke.
Die Straßenbrücke mußte noch warten. Am 19. Oktober 1948 begann der eigentliche Wiederaufbau, und im August 1951 war auch die Tullner Straßenbrücke wieder mit beiden Fahrbahnen zum Verkehr zugelassen. Die Arbeiten wurden mittels der für die Eisenbahnbrücke gebauten Hubbrücke unter schwierigsten Verhältnissen von der Fa. Wiener Brückenbau- und Eisenkonstruktions AG und der Fa. Waagner-Biró AG, als Arbeitsgemeinschaft, durchgeführt.
Die neuen Tragwerksteile lieferten die Vereinigten Österreichischen Eisen- u. Stahlwerke AG. Linz.
Sechzehn Millionen Schilling verschlangen die neuerstellten Bauwerke, aber Tulln hatte es geschafft.
Der Rückstau des Donaukraftwerkes Greifenstein machte es notwendig, die beiden Brücken anzuheben. Am südlichen Widerlager waren es 1,08 Meter, am nördlichen Widerlager 1,85 Meter bis 2,28 Meter über dem ursprünglichen Niveau.

Die Hebung der Eisenbahnbrücke erfolgte vom 12. bis 16. August 1983, die der Straßenbrücke vom 16. bis 19. September 83.
Mit dieser Maßnahme wird der Donaukonvention Rechnung getragen, die bei HSW (höchster schiffbarer Wasserstand) eine Durchfahrtshöhe von mindestens 8 Meter verlangt.

Die Donaubrücke Deutsch-Altenburg

Bei diesem Stromübergang soll, wegen ihrer Wichtigkeit einerseits, und dem späten Bau einer festen Brücke andererseits, näher auf die Überfuhr eingegangen werden.
Unterhalb Wien bestand seit alters eine Überfuhr mit Ruderbooten, „das Urfahr". Hier überquerte die von der Ostsee kommende Bernsteinstraße die Donau. Auch Tiberius, im 6. Jh. n. Chr., Marc Aurel und König Rudolf von Habsburg führten an dieser Stelle ihre Heere über den Strom. Im Revolutionsjahr 1848, als Kavallerie- und Infanterieregimenter vom nördlichen auf das südliche Ufer übersetzt wurden, errichteten Pioniere zusätzlich eine Pontonbrücke, die nach etlichen Monaten wieder abgetragen wurde.

Straßenbrücke Hainburg.

Ab 1921 verband eine Seilfähre Altenburg mit Stopfenreith, sie war in privatem Besitz. Die Beanspruchung, besonders in den letzten beiden Kriegsjahren, war enorm. Waren es 1944 die langen Kolonnen der aus dem Südosten zurückflutenden Volksdeutschen, so mußten in den letzten Tagen des Krieges Truppen und Kriegsmaterial über den Fluß gebracht werden. Am 5. April 1945 kam es zur Katastrophe, als die vollbesetzte Fähre zwei Granattreffer erhielt und sank. Nur wenige konnten gerettet werden.

Erst im Jahre 1946 war es möglich den Betrieb wiederaufzunehmen. Der zunehmende Verkehr zwang die Stadtgemeinde Hainburg im Jahre 1952 zum Bau einer neuen Seilfähre, mit einer Tragfähigkeit von 30 Tonnen, an der gleichen Stelle. Immer wieder kam es durch Treibeis, den zugefrorenen Strom, Hochwasser oder Wassertiefstand zur Einstellung des Fährbetriebes, so daß man sich doch zum Bau einer Donaubrücke entschloß.
Im Herbst 1969 begannen die Firmen Porr AG. und Rella in Gemeinschaft mit dem Bau, Waagner-Biró fertigte die Eisenkonstruktion. Es entstand eine Straßenbrücke für zwei Fahrspuren, sowie links und rechts je ein Gehsteig; Gesamtbreite 13,90 Meter. Die Vorlandbrücke am nördlichen Ufer mißt 1100 Meter, die Strombrücke 428 Meter und die Vorlandbrücke am südlichen Ufer 373 Meter, das ergibt also 1990 Meter Gesamtlänge des Bauwerkes.
Die Hainburger Donaubrücke ist architektonisch überaus gelungen. Die Konstruktion – eine Schrägseilbrücke aus Stahl – mit nur einem Pfeiler im Strom, darüber ein A-Pylon, ebenfalls aus Stahl und 77 Meter hoch, weist eine Spannweite von 138,0 Meter und 228,0 Meter plus 60,0 Meter auf (im nördlichen und südlichen Vorland steht ein Betonspannwerk mit einer Regelspannweite von ca. 30 Meter, maximale Spannweite 60 Meter). Die Vorlandpfeiler sind aus Sichtbeton und hohl, die Pfeiler nahe der Donau und der Strompfeiler selbst haben einen Betonkern und sind mit Granit verkleidet.
Am 22. Dezember 1972 wurde die Brücke, die ca. 130 Millionen Schilling kostete, dem Verkehr übergeben, und am 30. Dezember desselben Jahres, nach 50jährigem Bestehen, trat die Fähre ihre letzte Fahrt an.

Erklärung zum Kapitel „Die Donauübergänge von Wien“

Das Kapitel über die Donaubrücken in Wien und besonders der Bericht über die Donaukanalbrücken bedürfen einer kurzen Erklärung.

Ursprünglich war nicht daran gedacht, auch die Brücken des Wiener Donaukanals in das Buch einzubeziehen. Aber es wäre nicht richtig, den heutigen Donaukanal nur zu einem Nebengewässer zu deklassieren. Denn: die Donau floß ursprünglich hart an der Stadtmauer des alten Wien vorbei. Es war für die Stadt ein arger Schlag, als der Strom durch geologische Veränderungen langsam nach Norden abgedrängt wurde und sich von der Stadt immer mehr entfernte.

Aus Überlieferungen und alten Urkunden läßt sich schließen, daß sich die Donau nach dem Durchbruch der Wiener Pforte in fünf Arme verzweigte, sein einstiges Hauptbett wurde zum schmalen „Wiener Arm“, der den späteren Donaukanal bildete.

Hochwasser und ständige Versandung des Flußbettes bedrohten die Stadt. Jahrhundertelang dauerte der Kampf mit den Elementen, und erst als die technischen Voraussetzungen gegeben waren, war man in der Lage, den Strom dauerhaft zu zähmen. Durch die Befestigung der Ufer im Vormärz wurde der Donaukanal in seinem Bestand gesichert. Die große Donauregulierung – Kaiser Franz Joseph führte am 14. Mai 1870 den ersten Spatenstich durch – beendete die größten Mißstände bzw. das weitere Abdrängen der Donau.

Die einst so wichtige Funktion des Donaukanals im Bereich Handel und Gewerbe sank im Laufe der Zeit zur Bedeutungslosigkeit herab. Heute ist die Gegend um den Donaukanal mit seinen Brücken und der vielfältigen Uferverbauung ein charakteristischer Bestandteil Wiens. Daher hat der Kanal und seine Brücken auch die volle Berechtigung in einem Buch, das den Übergängen über die Donau gewidmet ist, erwähnt zu werden.

An dieser Stelle muß noch eine wichtige Bemerkung vorausgeschickt werden: Das gesamte folgende Kapitel ist eine wortgetreue Wiedergabe von Abschnitten aus den Berichten „Historische Entwicklung des Donaukanals“ und „Planungen und Realisierungen im Donaukanalbereich 1858–1983“, verfaßt von Dr. Bertrand Michael Buchmann und Harald Sterk.

Erschienen sind beide Abhandlungen im Buch „Der Donaukanal“ – Geschichte – Planung – Ausführung. Eigentümer und Verleger dieses Werkes ist der Magistrat der Stadt Wien, MA 19 – Stadtgestaltung.

Um die Gesamtheit der so präzisen Aussagen nicht zu zerstören, wurden vielleicht einige Passagen im Hinblick auf das Grundkozept – Brücken – zu weitgehend behandelt. Ich glaube aber, daß viele Leser, die Wien kennen, daran Interesse haben.

Die Donauübergänge von Wien/1

1. (4.1)
Vor dem späten Mittelalter konnte man lediglich mit Überfuhren den Donaustrom queren. Im Raume Wien sind solche Fährbetriebe zwischen den Orten Nußdorf–Jedlesee, Erdberg–Kagran und Albern–Großenzersdorf bekannt. Es ist der Unstetigkeit der Flußlandschaft und ihrer nach jedem Hochwasser veränderten Uferlinie zuzuschreiben, daß sich die Wiener erst verhältnismäßig spät an die Errichtung einer Donaubrücke heranwagten. Schiffsbrücken, welche bisher bei außergewöhnlichen Ereignissen über die Donau bei Wien geschlagen worden waren, blieben nur von kurzem Bestand.
Die älteste dauerhafte Donaubrücke befand sich an Stelle der heutigen Schwedenbrücke und führte vom Roten Turmtor über den Wiener Arm in den Unteren Werd. Vermutlich unter Herzog Albrecht II. (1330 bis 1358) errichtet, erhielt sie den Namen „Slachpruck“ (später „Schlagbrücke“), was sich entweder auf ihre Bauart oder auf die beim Roten Turm ansässigen Schlächter bezog. Letzteres ließe sich aus ihrer ersten urkundlichen Erwähnung in der Fleischhackerordnung Rudolfs IV. vom 28. August 1364 ableiten; darin heißt es unter anderem: „*. . . Man sol auch weder Ochsen noch Rinder, die man under den fleischpenkchen verkaufen will, nindert anderswo slahen denn auf der Slachpruck bei dem Roten Turm auf der Tunau . . .*“ Für nahezu ein halbes Jahrtausend blieb die Schlagbrücke die einzige Verbindung zur Donauinsel. Ihr ursprüngliches Aussehen dürfte sie im wesentlichen beibehalten haben, wenn sie auch bisweilen durch Naturgewalten zerstört wurde.
Die Überbrückung der Donauhauptarme erfolgte erst ein Jahrhundert später. König Albrecht II. (Als Landesfürst Albrecht V.) traf am 4. Juli 1439 die Verfügung, mit mehreren Brücken die verzweigte Donau zu überspannen. Zugleich erließ er eine Ordnung für die zu entrichtende Brückenmaut, die auf der mittleren Brücke einzuheben war.
Die Donaubrücke öffnete der Stadt Wien den ungehinderten Handelsweg nach Norden, vermochte aber nichts zur Beseitigung der schweren Wirtschaftskrise, die Wien im 15. Jahrhundert heimsuchte, beizutragen. Denn in jener Zeit verschob sich das Verkehrssystem des europäischen Großhandels von der Donaulinie zur „mitteldeutschen Straße“ (Nürnberg – Leipzig – Breslau – Krakau – Ofen). Das oben erwähnte Wiener Stadt- und Stapelrecht von 1221, das den Wiener Kaufleuten einen sicheren und bequemen Zwischenhandel ermöglicht hatte, verlor zusehends an Bedeutung und wurde schließlich 1515 gänzlich aufgehoben. Immerhin verschaffte der neue Stromübergang den Anschluß an die „mitteldeutsche Straße“. In städtebaulicher Hinsicht zog die Donaubrücke das verkehrsgebundene Gewerbe an die neue Ausfallstraße in den unteren Werd,

Carlssteg (1828)

„Schöne“ Franzensbrücke“ (1803)

Hölzerne Augartenbrücke (bis 1873)

Sophienbrücke (1825)

dessen Wohnqualität bereits ein Jahrhundert früher durch den Bau der Schlagbrücke gewonnen hatte; erstmals ließen sich jetzt hier Handwerker nieder, vereinzelt schlugen schon reiche Wiener Bürger ihren Sommersitz im Augebiet auf.

2. (7.2) Donaukanalbrücken

Die alte Schlagbrücke, jahrhundertelang die einzige feste Verbindung über den Donaukanal, mußte seit ihrem Bestehen immer wieder neu gebaut werden, wenn sie einem Hochwasser oder Eisstoß nicht standhalten konnte. Als hölzerne Jochbrücke wurde sie auch noch 1774 und, nach ihrer Zerstörung durch Eisstoß, 1775 über den Donauarm geschlagen, doch genügte sie allmählich den Verkehrserfordernissen nicht mehr, vor allem, da der Raum zwischen Brückenbeginn und Festung zu beengt war. Umfangreiche Regulierungsarbeiten zur Platzerweiterung (1813 bis 1815) waren notwendig, und erst nach ihrem Abschluß konnte man 1819 an eine Neukonstruktion denken: Unter der Bauleitung von Wasserbauamtsdirektor Johann Ritter von Kudriaffsky wurde die neue Brücke nach dem System Wiebeking mit einem Mittelpfeiler aus Quadersteinen errichtet, für diesen Mittelpfeiler kam erstmals in Wien die Methode des „schwimmenden Senkkasten" (Caissons) zur Anwendung. Die Ausführung dieser von nun an zu Ehren des Kronprinzen Ferdinand genannten Ferdinandsbrücke erwies sich als derart solide, daß sie, abgesehen von einer Erweiterung im Jahre 1865, bis 1909 unverändert blieb.

Im Jahre 1782 ließ Kaiser Joseph II. eine weitere Brücke in die Leopoldstadt schlagen, die Augartenbrücke, welche in herkömmlicher Bauweise als hölzerne Jochbrücke ausgeführt wurde. Aus taktischen Gründen fiel sie 1809 vor den anmarschierenden Franzosen der Demolierung anheim, wurde zwar von den französischen Besatzern sogleich wiederhergestellt, aber 1822 endgültig abgebrochen, um einer Neukonstruktion, ebenfalls aus Holz, Platz zu machen. Bis zur Eröffnung der neuen Brücke im Jahr 1829 übernahm eine Notbrücke in Verlängerung der Schiffamtgasse den Verkehr.

Gleichzeitig mit der Augartenbrücke wurde die Weißgerberbrücke errichtet, so daß von 1782 an drei Brücken den Donaukanal überspannten. Als die Holzkonstruktion 1799 einstürzte, beschloß man den Bau einer Steinbrücke. Kaiser Franz nahm am 16. September 1801 den ersten Spatenstich an der künftigen nach ihm benannten „Franzensbrücke" vor, welche 1803 eröffnet wurde. Das unter Leitung des Wasserbauamtsinspektors Johann Freiherr von Pacassi ausgeführte Bauwerk hieß wegen seines gefälligen Äußeren im Volksmund auch „die Schöne Brücke", weshalb sie wohl auch in der Franzosenzeit 1809 von den Österreichern nicht gesprengt, sondern nur teilweise abgetragen wurde.

Ihre Wiedereröffnung erfolgte nach einem Umbau durch Kudriaffsky erst 1818.

Im Jahr 1797 ließ Fürst Rasumofsky an Stelle der heutigen Rotundenbrücke eine schmale Holzbrücke erbauen, die sein Palais auf der Landstraße mit dem Prater verband. Der Steg, durch ein eisernes Gitter verschlossen und von einem Hüter

bewacht, durfte von Fußgängern jederzeit benutzt werden. Nach ihrer Zerstörung durch Eisgang im Jahre 1809 wurde die Brücke 1810 wieder aufgebaut, mußte aber 1819 wegen Schadhaftigkeit abgebrochen werden. 1824 errichtete Ignaz von Mitis und Johann Kudraffsky an ihrer Stelle die erste Wiener Kettenbrücke, zugleich eine der ersten Hängebrücken der Welt, zu Ehren der Erzherzogin Sophie „Sophienbrücke" benannt (Spannweite 71 Meter).
Der für diese Epoche letzte Brückenschlag über den Donaukanal fiel in das Jahr 1828, als Ignaz von Mitis an der Stelle der heutigen Salztorbrücke den nach dem Sieger von Aspern benannten „Karlskettensteg" aufstellte und dabei erstmals in der Baugeschichte Stahlketten verwendete (95 Meter Spannweite).
Die im Auftrag einer Aktiengesellschaft für Fußgänger hergestellte Verbindung zwischen Fischertor und Leopoldstadt war eine Mautbrücke, deren Benutzung einen Kreuzer kostete. Die Mauteinnehmer thronten in je einem kleinen, turmartigen Gebäude, das auf die beiden Landjoche aufgemauert worden war. Knapp unterhalb des Karlskettensteges befand sich lange Zeit hindurch die Anlegestelle für Personenschiffe der Linie Wien–Linz von der 1829 gegründeten Ersten Donau-Dampfschiffahrtsgesellschaft.

3. (8.3)
An den Donaukanalbrücken änderte sich in der Frühgründerzeit nicht allzu viel. 1844 wurde die Franzensbrücke abgetragen, an ihre Stelle kam 1848/49 eine dreizügige Kettenbrücke (80 Meter Stützweite), welche bald die höchste Frequenz aller Donaubrücken verzeichnete, da sie den Lastverkehr zum Nordbahnhof bewältigen mußte. Die von Christian Nicolau stammende Kettenkonstruktion – 1866 verstärkt – stand bis 1898 in Gebrauch.

Die 1848/49 erbaute Franzens-Kettenbrücke.

Im Jahr 1859 erhielt der Donaukanal seine erste Eisenbahnbrücke für die Verbindungsbahn, ebenfalls eine versteifte Kettenbrücke mit einer Spannweite von 85 Metern. Auf jeder Seite verliefen zwei parallele Ketten, die durch ein Dreiecksfachwerk verbunden waren, wobei abwechselnd der obere und der untere Knotenpunkt einen Hänger trug (Patent Schnirch und Fillunger). Konstruktionsmängel (Deformierung der Hänger bei einseitiger Sonnenbestrahlung durch ungleiche Ausdehnung der Kettenbündel) machten allerdings schon nach 25 Jahren ihren Neubau notwendig.
Die dritte Kettenbrücke, die Aspernbrücke, ließ die Gemeinde 1863/64 im Rahmen der Wiener Stadterweiterung als Verlängerung der Ringstraße bauen. Die Planung führte Rebhahn Ritter von Asperbruck durch, der wiederum auf das Patent der Ingenieure Fillunger und Schnirch zurückgriff (Spannweite 62,5 Meter). Zur Einweihung marschierten am 30. November 1864 die vom Dänischen Krieg siegreich heimgekehrten Truppen über das Bauwerk, welches seinen Namen zur Erinnerung an die Schlacht von Aspern (1809) trägt (Neubau 1913).

4. (9.2)
Bezüglich des Brückenbaues ist die Hochgründerzeit – abgesehen von der Nachkriegszeit – die fruchtbarste Periode in der Geschichte Wiens. In diesen beiden Jahrzehnten wurden nicht weniger als fünf Donaubrücken und elf Donaukanalbrücken, darunter fünf für die Eisenbahn, geschlagen.
1871 wurde am sogenannten „Stroheck“ die „Brigittabrücke“ zwischen dem 9. Bezirk und der Brigittenau errichtet. Die Eisenkonstruktion (65,1 Meter Spannweite) stammt von August Köstlin und Anton Battig, das Material lieferten die Witkowitzer Eisenwerke. Von ähnlicher Konstruktion war die von denselben

Die Donaulandschaft bei Wien nach der Regulierung. Blick vom Nußberg, 1875. In der Bildmitte das Engertsche Schwimmtor.

Ingenieuren entworfene Sophienbrücke (heutige Rotundenbrücke), welche 1872 an Stelle der alten Kettenbrücke den 3. Bezirk mit dem Schüttel verband; diese Fachwerkbrücke maß 65,1 Meter Spannweite.
Ein Jahr später erfolgte der Neubau der Augartenbrücke, die von nun an „Maria-Theresien-Brücke" genannt wurde. Dabei gelangte das selten angewandte System *„Mareaux"* zur Ausführung (Hängeelement in einem parallelgutigen Tragwerk mit einer Spannweite von 58,3 Meter). Die vier granitenen Portalpfeiler trugen die allegorischen Bronzefiguren Malerei, Poesie, Industrie und Astronomie. Im selben Jahr entstand die Kaiser-Josephs-Brücke (seit 1920 Schlachthausbrücke, ab 1937 Stadionbrücke), die nach den Plänen des Ingenieurs Moreau Eisenträger in Trapezform aufwies; als konstruktive Eigenart ist die Weitmaschigkeit des Strebensystems – nur fünf Maschen auf einem Träger – hervorzuheben (Spannweite 58,2 Meter).
Da der schmale „Karlskettensteg" den Anforderungen nicht mehr genügte, wurde an seiner Stelle 1884 bis 1886 nach den Plänen von Oswald Liß und Otto Hieser die prächtige Stephaniebrücke (seit 1920 Salztorbrücke) errichtet; sie bestand aus einem dreifeldrigen Tragwerk mit 60 Meter Innenfeld und zwei ballastierenden, 15 Meter langen Kragarmen: massives Mauerwerk, optisch betont durch vier hohe Obelisken an beiden Enden der Brücke, bildeten ihr statisches Gegengewicht.
1889 schließlich eröffnete der Kaiser die 1883/84 erbaute Kaiser-Franz-Josephs-Regierungsjubiläums-Brücke (später Heiligenstädter Brücke), deren Planentwurf von Karl Haberkalt stammte (60 Meter Spannweite).
Die erste Eisenbahnbrücke dieser Zeit war die zweigleisige Ostbahnbrücke (1870), eine Parallelgitterträgerbrücke mit 79,7 Meter Spannweite. 1877 folgten die ursprünglich für die Stadtbahn gedachte 86,7 Meter lange Donauuferbahnbrücke bei Heiligenstadt und die Verbindungsbrücke, welche bei Nußdorf den Donaukanal in einem Winkel von 40 Grad schnitt; letztere, auch Uferbahn-Brücke genannt, ruhte auf zwei Stützen, die eine mittlere Öffnung von 55,4 Meter frei ließen. 1880 wurden die Donauuferbrücke über Donaukanal und Winterhafen eröffnet, deren lichte Weiten 88 bzw. 60 Meter betrugen. 1884 schließlich wurde die von der Konstruktion her interessanteste Eisenbahnbrücke als neue Verbindungsbahnbrücke über den Donaukanal geschlagen: An Stelle der Schnirchschen Kettenbrücke, an der sich konstruktive Mängel gezeigt hatten, trat eine Bogenfachwerk-Brücke mit getrennter Konstruktion für die beiden Gleise (Stützweite 69,6 Meter).

Die Donauübergänge von Wien/2.

5. (3.5)
Im Anschluß an die Donaukanalregulierung wurden auch mehrere Brückenbauten beziehungsweise Neubauten notwendig. Im Zusammenhang mit dem Nußdorfer Wehr wurde bereits 1898 die Josef-von-Schemmerl-Brücke errichtet, die sich nach zwei Renovierungen in den Jahren 1953–1955 und 1978 wieder in gutem Zustand befindet. Sie ist markanter Bestandteil der von Otto Wagner konzipierten Anlage. Weiter unterhalb, zwischen der Heiligenstädter- und der Gürtelbrücke, hat sich der Döblinger Steg aus dem Jahre 1912 erhalten, ebenfalls ein sehr typischer Brückenbau aus der Zeit der Jahrhundertwende.

Die Ferdinandsbrücke gegen das DDSG-Gebäude, vor 1980.

Im Citybereich wurde es notwendig, die Marienbrücke als Verlängerung der Rotenturmstraße in den 2. Bezirk zu errichten, was in den Jahren 1905 und 1906 mit einer Bogentragwerkbrücke geschah. Auch die aus dem Jahre 1819 stammende Ferdinandsbrücke (an der Stelle der heutigen Schwedenbrücke), eine Holzkonstruktion auf Steinpfeilern, war den Anfordernissen des Verkehrs um die Jahrhundertwende nicht mehr gewachsen und wurde durch die „zweite Ferdinandsbrücke“, eine Zweigelenkbogenbrücke aus Flußeisen, ersetzt.
Das geschah in den Jahren 1909 bis 1911.
Der besonders markante Brückenbau erhielt duch Pylonen, auf denen Laternen angebracht waren, noch zusätzliche Akzente. Beide erwähnten Brückenbauten wurden bei den Kämpfen im April 1945 zerstört.
Auch die Aspern- und die Franzensbrücke wurden in diesem Zeitraum während beziehungsweise nach der Donaukanalregulierung erneuert.
Die alte Aspernbrücke war eine versteifte Kettenbrücke mit figurenbesetzten Steinpylonen und martialisch blickenden Löwen auf mächtigen Sockeln. Sie

bestand in dieser Form bis 1913 und wurde anschließend durch eine Bogenbrücke ersetzt, deren Erbauung bis 1919 dauerte. Schon in den Jahren 1897 bis 1899 war die als Kettenbrücke im Jahre 1848 errichtete Franzensbrücke durch eine Fachwerkbogenbrücke mit schlanken Pylonen ersetzt worden. Auch diese beiden Brücken sind ebenso wie ältere noch erhaltene im Zweiten Weltkrieg zerstört worden, wodurch die städtische Flußlandschaft des Donaukanals wesentliche Akzente verloren hat. Die neuen Brücken, auf die noch ausführlich in einem eigenen Abschnitt eingegangen werden soll, folgten anderen Überlegungen und einer anderen Brückenbauphilosophie.

6. (5.1)

Anfang der zwanziger Jahre erwies es sich als notwendig, die 1871 an der Stelle des alten Thurybrückels errichtete Brigittabrücke durch einen Neubau zu ersetzen. Die alte Brücke war hinsichtlich der neuen Verkehrserfordernisse zu schmal und auch den Beanspruchungen nicht mehr gewachsen. Um das zu Gefügetrennungen neigende Brückenmaterial nicht zu überfordern, mußten Verkehrsbeschränkungen erlassen werden, die auf die Dauer für diese wichtige Verbindung vom 9. zum 20. und 21. Bezirk nicht tragbar waren.

Auf Grund einer im Winter 1923 erfolgten Ausschreibung wurden neun Entwürfe vorgelegt, darunter vier, welche die Lösung der gestellten Aufgabe in Eisenbeton brachten. Die Gemeindeverwaltung bevorzugte jedoch ein Eisentragwerk, *„weil die der Eisenbetonbauweise innewohnenden Vorteile infolge der durch die örtlichen Verhältnisse gegebenen technischen Schwierigkeiten nicht voll zur Entfaltung kommen konnte.“*

Gewählt wurde schließlich eine im Ingenieurbüro der Firma Waagner-Biró AG entwickelte Konstruktion, die architektonische Ausgestaltung stammt von den Architekten Hoppe und Schönthal, die das Brückentragwerk unverkleidet ließen. Der Verkehr wurde während des Brückenneubaues über die alte Brücke geleitet, diese wurde jedoch zuvor 20 Meter flußaufwärts verschoben, eine Arbeit, die auf Grund der guten Vorbereitungen nicht länger als zwei Stunden in Anspruch nahm. Die neue Brücke hatte eine Gesamtbreite von 23,2 Meter. Auf der 15,2 Meter breiten Fahrbahn (gegenüber 10,5 Meter auf der alten Brücke) war auch Platz für zwei Straßenbahngeleise. Unter den beidseitigen Gehwegen von je 4 Meter Breite waren die Wasser- und Starkstromleitungen, unter der Fahrbahn die Gasleitungen und Telegraphenkabel untergebracht.

Das aus Siemens-Martin-Flußeisen erzeugte Tragwerk übersetzte den Donaukanal und die beiderseitigen Vorkaistraßen in drei Öffnungen, deren Stützweiten 54,5 und je 13,8 Meter betragen. Das Tragwerk bestand aus 13 Hauptträgern mit dazwischen liegenden Hängeblechen. An den Enden verankerte Kragträger trugen einen eingehängten Mittelträger von 28,8 Meter Stützweite. Zwischen den Hauptträgern waren lastverteilende Querverbindungen eingebaut, die sämtliche Hauptträger zum Mittragen der Last herangezogen. Das Gesamtgewicht der Eisenkonstruktion betrug 950 Tonnen.

Das eiserne Tragwerk stützte sich gegen zwei Pfeiler, die an den Ufern des Kanals errichtet wurden und gleichzeitig die Kaimauern tragen. Ihre Gründung, die in Anbetracht der Ergebnisse voher vorgenommener Probebohrungen unter Verwendung von Eisenbetoncaissons mit Druckluftverfahren durchgeführt wurde, erfolgte auf tragfähigen, etwa 6,6 Meter unter dem Nullwasserspiegel gelegenen Tegelschichten. Die beiden Landwiderlager, welche die hoch gelegenen Straßenzüge gegen die Vorkais abstützten, dienten auch zur Verankerung der Kragträger. Sie waren wie die Uferpfeiler aus Zement und mit Quadern verkleidet, die zum großen Teil vom Abbruch der alten Brigitta- und Aspernbrücke stammten. Die an den Brückenköpfen befindlichen Widerlager wurden hochgeführt, um einen markanten Abschluß des Bauwerkes zu erzielen. Die Kosten betrugen 4,2 Millionen Schilling. Der Neubau wurde nicht mehr Brigitta- sondern Friedensbrücke benannt. Die Friedensbrücke wurde im Zweiten Weltkrieg schwer beschädigt und in der alten Form wieder aufgebaut.
Auch die Augartenbrücke war in den zwanziger Jahren den Belastungen des Verkehrs nicht mehr gewachsen. Die von einer französischen Firma 1873 erbaute alte Tragkettenbrücke hatte Gefügeveränderungen erlitten, wodurch sich eine Verminderung der Tragfähigkeit einstellte. Deshalb mußten Verkehrsbeschränkungen – so durfte immer nur eine Straßenbahn die Brücke queren – erlassen werden, die auf die Dauer kaum hinnehmbar waren.
Am 28. August 1928 wurde eine öffentliche Ausschreibung veranlaßt, die insgesamt 23 Entwürfe brachte, darunter fünf, die eine Eisenbetonbauweise erfordert hätten. Wieder entschied sich die Gemeindeverwaltung für ein eisernes Brückentragwerk, und wieder wurde ein Entwurf der Firma Waagner-Biró AG. ausgeführt. Hubert Geßner übernahm die architektonisch-künstlerische Ausgestaltung, wobei er mit Schmuckelementen äußerst sparsam umging und nur für charakteristische Beleuchtungskörper sorgte. Im Gegensatz zur alten Brücke mit den vier mächtigen, säulenartig ausgebildeten Pylonen war auch diese neue Brücke nüchterner ausgefallen.
Das bei der alten Brigittabrücke angewandte System der Verschiebung schien im Fall der Augartenbrücke unwirtschaftlich und riskant, deshalb wurde zunächst eine Hilfsbrücke gebaut, ehe die alte Augartenbrücke abgetragen werden konnte. Die neue Brücke wurde genau in der Achse der abgebrochenen errichtet. Die nutzbare Gesamtbreite belief sich auf 25,5 Meter, wovon 16 Meter auf die Fahrbahn entfielen und je 4,75 Meter auf die beiden Gehwege. Die Fahrbahnbreite wurde auf zwei Straßenbahngeleise und vier Lastwagenspuren ausgelegt. Unter den Gehwegen waren die Kabel der Stark- und Schwachstromleitungen sowie die Wasserleitungsrohre und der Rohrpoststrang untergebracht.
Das Tragwerk der neuen Augartenbrücke befand sich unter der Fahrbahn. Es bestand aus sieben Stahlhauptträgern, die als durchlaufende Träger über vier Stützen mit einer Höhe von 1,5 Metern in der Mitte und von 4,56 Metern über den Stützen ausgebildet waren. Von den zehn Querverbindungen wurden sechs

auf Lastverteilung berechnet und dimensioniert. Das Gesamtgewicht der Stahlkonstruktion betrug 845 Tonnen.
Das eiserne Tragwerk ruhte auf vier Pfeilern und auf zwei aus der Flut der Vorkaimauern hervorstehenden Landwiderlagern, die zur Verankerung der Hauptträger dienen. Die Pfeiler wurden an den Ufern des Donaukanals erbaut. Ihre Gründung erfolgte auf Tegelschichten in Tiefen von 10 bis 15 Meter unter dem örtlichen Nullwasserspiegel. Die Kosten betrugen 4,2 Millionen Schilling, die Bauzeit währte 19 Monate. Auch die Augartenbrücke wurde im Zweiten Weltkrieg schwer beschädigt und in den Nachkriegsjahren wiederaufgebaut.
Bereits 1920 war an Stelle der Stephaniebrücke aus den Jahren 1884 bis 1886 die erste Salztorbrücke errichtet worden, 1935 mußte dann auch die aus dem Jahre 1872 stammende Rotundenbrücke erneuert werden. Zur Ausführung gelangte eine Zweigelenkbogenbrücke aus Stahl mit Zugband. Das Haupttragwerk überragte die Fahrbahn und wurde auf neu errichteten Widerlagern gelagert. Die Stützweite betrug 66 Meter, die Fahrbahn erhielt eine Breite von 16 Meter, die beidseitigen Gehwege wiesen eine nutzbare Breite von je 4,35 Meter auf. Das Gesamtgewicht des stählernen Tragwerkes war 770 Tonnen. Diese Brücke wurde im Verlauf der letzten Kampfhandlungen am Ende des Zweiten Weltkrieges gesprengt, an ihrer Stelle wurde zunächst durch die Rote Armee ein Brückenprovisorium errichtet, ehe Mitte der fünfziger Jahre die noch heute bestehende Brücke zur Ausführung gelangte.

7. (7) Die neuen Donaukanalbrücken seit 1945

Im April 1945 waren sämtliche Donaukanalbrücken entweder zerstört oder schwer beschädigt. Nach der Instandsetzung der Tragwerke der Friedens- und der Augartenbrücke und der Errichtung von fünf provisorischen Tragwerken (Heiligenstädter Brücke, Schwedenbrücke, Aspernbrücke, Rotundenbrücke und Stadionbrücke) sowie zwei Fußgeherstegen (neben der zerstörten Marienbrücke und der Salztorbrücke) war zunächst der ärgste Notstand behoben. Die wichtigsten Verbindungen waren wiederhergestellt, und es konnten die endgültigen Wiederaufbauten einsetzen. Mit der neuen Heiligenstädter Brücke konnte 1961 das Wiederaufbauprogramm der Donaukanalbrücken abgeschlossen werden. Mittlerweile sind durch das immer größer gewordene Verkehrsaufkommen neue Brückenbauten notwendig geworden, die zum Teil beendet, zum Teil in Bau und zum Teil im Planungsstadium sind (Stand 1983). Die anschließende Beschreibung der neuen Brückenbauten seit 1945 erfolgt nicht chronologisch, sondern in der Abfolge der Brücken des Flußlaufes.
Der gesamte Artikel wurde im Jahr 1983 verfaßt und schildert die zu diesem Zeitpunkt bereits im Bau sowie in Planung befindlichen Brückenbauten. Der geschilderte Bauzustand ist also historisch. Der interessierte Leser dieses speziellen Wiener Kapitels findet hiezu sicher ausreichende neue Unterlagen.
Im Bereich Nußdorf ist gegenwärtig ein umfangreicher Verkehrsknoten in Bau,

der auch Verbindungswege über den Donaukanal nötig machte. Die Bauarbeiten begannen 1980 und sollen 1983 fertiggestellt sein. Teilstrecken sind bereits befahrbar, nach dem Abschluß werden die Donaukanalschnellstraße S 2, die Budapester Bundesstraße B 10 und die Klosterneuburger Bundesstraße B 14 miteinander verbunden sein. Die Klosterneuburger Bundesstraße wird als Hochstraße geführt, überquert die Franz-Josefs-Bahn und verläuft entlang des Donaukanals und der Donau.

Der Donaukanal, die Schleuse Nußdorf, die Franz-Josefs-Bahn, die Bahnhöfe Brigittenau und Heiligenstadt mit deren Schleifenverbindungen, die bereits vorhandenen Relationen der S 2 einschließlich einer Donaukanalbrücke sowie die Nähe zum Ensemble des Nußdorfer Wehres von Otto Wagner waren natürlich Zwangspunkte, die die Verkehrslösung wesentlich beeinflußten.

Auf Grund der Vielzahl von Brücken und Hochstraßen, die praktisch ohne Zwischendämme ineinander übergehen, war es vom Standpunkt der Ästhetik her unbedingt erforderlich, eine konstruktive und gestalterische Einheitlichkeit der gesamten Anschlußstelle Nordbrücke anzustreben. Die Nähe zum Nußdorfer Wehr wurde dabei für die Entwicklung eines generellen Brückenprojektes von ausschlaggebender Bedeutung. Da das Bundesdenkmalamt Befürchtungen hinsichtlich einer ewaigen negativen Beeinflussung der Einsemblewirkung des Nußdorfer Wehr durch die Nähe einer modernen Hochstraße hegte, wurden mehrere Jahre andauernde Untersuchungen verschiedener Trassenvarianten angestellt.

Trotz der Bemühungen und der als Auswirkung der Untersuchungen getroffenen Lösung überragen sowohl Autobahn als auch Brückenanlagen das Wehr und die Nebengebäude um ein beträchtliches an Umfang und Größe und beeinträchtigen sie in ihrer Wirkung.

Nach der Nußdorfer Brücke, die 1964 in Spannbetonbauweise ausgeführt wurde, ist donaukanalabwärts die Heiligenstädter Brücke von Interesse. Sie wurde in den Jahren 1959 bis 1961 nach dem Vorbild der neuen Marienbrücke in Stahlbeton errichtet und weist bei einer Hauptstützweite von 62 Meter eine Konstruktionshöhe von nur 1,36 Meter im Scheitel auf. Ebenso wie die Nußdorfer- wurde im gleichen Jahr (1964) die Gürtelbrücke als reine Autobrücke in Spannbetonbauweise erbaut. Die nur schwer beschädigte Friedensbrücke aus der Zwischenkriegszeit wurde 1946 repariert. Flußabwärts entsteht gegenwärtig eine neue Brücke.

Diese neue Brücke, die Roßauer Brücke, ein Spannbetonbauwerk, wird die Türkenstraße im 9. Bezirk mit der Rembrandtstraße im Stadtteil jenseits des Kanals verbinden.

Einen derartigen Brückenschlag hatte bereits die Arbeitsgruppe unter Franz Schuster angeregt, ohne daß dieser Vorschlag damals schon realisiert werden konnte. In den letzten Jahren wurde die Notwendigkeit einer solchen Verknüpfung des 9. mit dem 2. und 20. Bezirk immer dringlicher, zumal sie auch dazu beitragen kann, überregionale Verkehrsprobleme zu lösen. Bereits Heinz Nittel setzte sich als zuständiger Verkehrsstadtrat für den Brückenbau ein, doch waren zunächst Fragen zwischen Bund und Gemeinde Wien zu klären. Nittels Nachfolger, Stadtrat Fritz Hoffmann, konnte dann im September 1981 ankündigen, daß der Bau im November des gleichen Jahres begonnen werde. Mit der Fertigstellung im März 1984 (Verkehrsfreigabe Oktober 1983) ist zu rechnen. Es ist geplant, den Verkehr auf der mit fünf Fahrspuren ausgestatteten Brücke in einer Einbahn in Richtung Stadtzentrum zu führen, als Zwilling in der Gegenrichtung steht die Augartenbrücke zur Verfügung. Das linke Donaukanalufer soll eine durchgehende Einbahn von der Flughafenautobahn im Süden bis zur Nordbrücke werden, womit auch das Gegenverkehrsstück auf der Oberen Donaustraße zwischen Augartenbrücke und Brigittenauer Lände wegfällt.

Die neue Roßauerbrücke, 1983.

Die neue Roßauer Brücke ist eine schlanke Spannbetonkonstruktion, das Ergebnis eines Firmenwettbewerbes, den die Firma Porr-Universale gewann. Die Konstruktion stammt von Alfred Pauser. Sie zeichnet sich durch eine einmalige Pfeilerkonstruktion aus – vier weit auseinanderstrebende V-Pfeiler münden an jedem Ufer in ein zentrales Lager unter dem Brückendeck –, welche die Zugkräfte vermindert. Durch die niedrige Nivelette wird die neue Brücke sehr zierlich wirken. Außer den Fahrspuren sind auch Geh- und Radfahrwege vorgesehen. Die Kosten wurden mit 40 Millionen Schilling veranschlagt. Die architektonische Gestaltung stammt von Viktor Hufnagl. Er knüpfte mit den von ihm gewählten Gestaltungselementen bei der benachbarten Augartenbrücke von Hubert Geßner aus dem Jahre 1929 an, womit im Bereich des Dekorativen eine Beziehung zwischen den ungleich alten „Brückenzwillingen“ angestrebt wird.
Im Zusammenhang mit der neuen Roßauer Brücke ist auch das Projekt einer

Fußgeherbrücke etwas flußaufwärts zu erwähnen, das aus dem Jahr 1980 stammt und von Alfred Pauser (Konstruktion) sowie den Architekten Neumann und Frank ausgearbeitet wurde. Die Überlegungen gingen davon aus, daß im zentrumsnahen Donaubereich Fußgeherübergänge maximal 300 bis 600 Meter auseinanderliegen, zwischen der Friedens- und der Augartenbrücke jedoch die Distanz 1050 Meter beträgt, die aber nun durch die neue Roßauer Brücke auf 900 Meter vermindert wird. Im Rahmen der Standortuntersuchung wurden die Varianten Verlängerung der Grünentorgasse beziehungsweise Verlängerung der Seegasse untersucht, wobei letzterer der Vorzug gegeben wurde. Der Baubeginn war zum Zeitpunkt der Abfassung des Manuskriptes noch nicht bestimmt.

Während die Augartenbrücke aus dem Jahre 1929 nach der Kriegsbeschädigung wieder repariert werden konnte, mußte die Salztorbrücke neu errichtet werden. Es war damals die zweite Spannbetonbrücke, die 1960/61 über den Donaukanal geschlagen wurde, wobei die Randbedingungen – hinsichtlich der zu erhaltenden Freiräume unter der Brücke sowie der die Nivelette betreffenden Vorgaben – sicherlich als die schwierigsten aller Donaukanalbrücken anzusehen waren. Dennoch gelang es, ein Spannbetontragwerk mit konzentrierter Vorspannung zu entwerfen, wobei die Spannweite über den beiden Vorkais je 17,89 Meter und jene über dem Wasser 54,82 Meter beträgt. Die hohe zentrische Vorspannung mußte, um die Momentfähigkeit der Rahmenstiele aufrechtzuerhalten, die Kompensation aller plastischen und elastischen Riegelverkürzungen gestatten. Deshalb wurden die Stiele in vordere Druckstreben und hintere Zugbänder aufgelöst, eine Kombination, die eine Kopfverschiebung mit nur geringen Nebenspannungen zuließ. Wie bei den meisten im Krieg zerstörten Donaukanalbrücken wurden die alten Fundamente, welche überwiegend aus Senkkästen bestanden, mitverwendet. Bei der Salztorbrücke ergab sich zusätzlich noch die Notwendigkeit, unter Niveau liegende Stützriegel gegen die Kaimauern zur Aufrechterhaltung des Horizontalschubes vorzusehen und durch hydraulische Pressen zu aktivieren.

Ebenfalls ein Neubau war im Fall der Marienbrücke notwendig. Unter den elf Projekten, die im Jahr 1950 eingereicht wurden, befanden sich bereits vier Spannbetonvarianten, doch wählte man einen Spannbetongelenkrahmen mit 56,80 Meter Innenfeld. Damit war diese Brücke das erste Stahlbetonwerk über den Donaukanal, wobei auch das Traglastverfahren, das Professor Dr. Jäger in seinem Projekt entwickelt hatte, zum ersten Mal angewendet wurde. Dafür mußte die Qualitätssicherung eines Betons der Festigkeitsklasse B 400 in großen Mengen erreicht werden. Auch war es notwendig, die großkalibrige (Durchmesser 32 Millimeter bis 40 Millimeter), kaltverwundene Bewehrung bei einer Gesamtbrückenlänge von 78 Meter aus Torstahl 40 mit Stangenlängen von 60 Meter zu schweißen. Das Projekt von Karl Jäger und der Firma C. Auteried war technisch zu dieser Zeit gewiß als ein gewaltiger Fortschritt anzusehen, zumal eine solche Bauweise bis dahin als unwirtschaftlich galt. Außerdem waren große

Schwierigkeiten zu überwinden, da sich bei Voruntersuchungen herausgestellt hatte, daß die hölzernen Pfahlroste, die den Säulen der Stadtbahngalerien als Fundamente dienten, weitgehend durch Fäulnis zerstört waren, so daß außer der Decke die gesamte Galerie einschließlich der Fundamente, neu hergestellt werden mußte, wobei für die neuen Stahlbetonsäulen durchlaufende Unterzüge aus Stahlbeton verwendet wurden. Die neue Marienbrücke wurde im Herbst 1953 dem Verkehr übergeben. Die Schwedenbrücke überdauerte etwas länger als Nachkriegsprovisorium. Es waren vor allem verkehrstechnische Erwägungen, die einen Neubau der Schwedenbrücke vor der Fertigstellung der Marienbrücke und der Aspernbrücke als unratsam erachteten. 1953 konnte dann der Verkehr umgeleitet und der Neubau der Schwedenbrücke begonnen werden. An der Ausschreibung beteiligten sich zehn Firmen mit insgesamt 25 Entwürfen, die Entscheidung fiel auf den Entwurf der Firma Auteried & Co, eine Spannbetonbrücke nach dem System Baur-Leonhardt. Für die Auswahl einer der sechs Spannbetonvarianten war maßgeblich, daß das Stuttgarter System den neuen Konstruktionstyp am überzeugendsten repräsentierte, aber auch den Randbedingungen am besten entsprach. Es kam das mit einem konzentrierten Spannglied über Umlenkblöcke vorgespannte Rahmentragwerk zur Ausführung, wobei die Aufnahme der Horizontalverkürzung des Riegels durch die Vorspannung, die plastischen Verformungen, wie Schwinden und Kriechen, sowie Temperatureinflüsse durch ein einseitig angeordnetes, schräg gestelltes Stahlpendel ohne Verminderung des für die geforderte Riegelschlankheit notwendigen Horizontalschubes möglich war. Die Brücke besteht aus sechs Hauptträgern, die paarweise durch untere Platten zu Kasten zusammengefaßt sind. Die Fahrbahn läuft über die sechs Träger, im Bereich der Gehwege überkragt sie um je 3 Meter die Fassadenträger. Die neue Schwedenbrücke wurde Ende 1955 dem Verkehr übergeben.

Die Aspernbrücke war als erste der Brücken, die im zentralen Abschnitt des Donaukanals neu errichtet werden mußten, begonnen und fertiggestellt worden. Ihre Errichtung fand zwischen 1949 und 1951 statt. Das Holzprovisorium, das flußaufwärts anstelle der zerstörten Aspernbrücke errichtet worden war, wurde bald schadhaft, so daß ihm trotz ständiger Ausbesserung nur eine geringe Lebensdauer zugemutet werden konnte. In der Wettbewerbsausschreibung wurde die Bedingung gestellt, das Tragwerk unterhalb der Fahrbahn anzuordnen, weil man damals der Ansicht war, daß über der Fahrbahn liegende Tragwerke ästhetisch nicht befriedigen. Damit war in gewisser Weise ein Schicksalswort über alle künftigen Donaukanalbrücken gesprochen worden. Die alten hatten ja nicht zuletzt durch ihre über der Fahrbahn sichtbare Konstruktion markante Punkte im Stadtraum Donaukanal abgegeben.

Die Brückenbauästhetik war in der Aufbruchsphase nach dem Zweiten Weltkrieg nicht mehr gefragt. Hingegen wurde aus wirtschaftlichen Gründen die Forderung erhoben, die noch vorhandenen Unterbauten der alten Aspernbrücke beizubehalten. Da die Bodenverhältnisse an dieser Stelle ungünstig sind, standen die Planer vor der Aufgabe, eine widersprüchliche Situation zu bewältigen: eine stärkere und zugleich leichtere Bücke als die alte zu errichten. An der Ausscheibung beteiligten sich vier Firmen mit 17 Entwürfen, angenommen wurde ein Entwurf der Waagner-Biró AG. Er sah eine Trägerrostbrücke aus Stahl vor, bei der die vier Hauptträger durch steife Querscheiben verbunden sind, und zwar so, daß bei der Belastung auch nur eines Hauptträgers sich sämtliche Hauptträger an der Lastaufnahme beteiligen. Die Stahlbetonplatte der Fahrbahn wurde überdies auf zusätzliche Träger aufgelagert. Die Länge der Aspernbrücke beträgt 88.97 Meter, die Hauptstützweite zwischen den Uferpfeilern 58,69 Meter, die gesamte Breite 27,95 Meter. Das Gesamtgewicht der Stahlkonstruktion betrug bei der alten Aspernbrücke 1178 Tonnen, bei der neuerbauten macht es 925 Tonnen aus.

An der Stelle der kriegszerstörten Franzensbrücke wurde schon 1948 eine Stahlbogenbrücke errichtet. Auf sie folgt in der Flußrichtung die ebenfalls nach dem Krieg erbaute Zweigelenk-Stahlbogenbrücke der Verbindungsbahn und weiters die Rotundenbrücke aus dem Jahr 1954, bei der man, ebenfalls den neuen Gestaltungsprinzipien folgend, ein Rahmentragrostwerk von besonderer Schlankheit konstruierte. Die neue Stadionbrücke, von 1959 bis 1961 erbaut, ähnelt der Aspernbrücke. Von den noch weiter flußabwärts gelegenen Brücken über den Donaukanal ist aus ästhetischen Gründen noch die Schrägseilbrücke der Ostautobahn hervorzuheben,

Technisch spiegeln die Donaukanalbrücken zweifellos die Entwicklung des Massivbrückenbaus der letzten drei Jahrzehnte wider. Fast jedes Objekt lieferte in seiner Weise einen Beitrag zur internationalen Entwicklung. Ästhetisch gesehen haben die neuen Brückenbauten den Donaukanalbereich entscheidend verändert. Der durch neue Techniken ermöglichte Verzicht auf Tragkonstruktionen oberhalb der Fahrbahn beziehungsweise auf Pfeiler oder Pylonen zur Tragwerkaufhängung hat der Stadtlandschaft den Verlust von teilweise sehr patheti-

Die Kaiser-Josef-Brücke, heute Stadionbrücke.

schen Akzenten zugefügt. Die neuen Brückenbauten sind durchwegs nüchterner, auf rationale Zweckmäßigkeit abgestimmt und von sparsamer Eleganz. Einen Vorteil in ästheticher Hinsicht haben sie auf jeden Fall: Der Blick auf die Donaukanallandschaft, zum Beispiel von der Marienbrücke aus bis zum Kahlen- und um Leopoldsberg, kann frei über sie hinwegschweifen. Anderseits tragen sie innerhalb des Kanalbereiches weniger zur Rhythmisierung und Raumteilung bei als die alten Brückenbauten. Diesen nachzutrauern ist allerdings sinnlos. Sie waren infolge der Zerstörungen durch Neubauten aus dem Geist der Zeit zu ersetzen, Kopien der alten herzustellen, wäre wenig zweckmäßig gewesen; wo die vorhandenen Brückenbauten reparabel waren, wurden – wie bei der Friedens- und bei der Augartenbrücke – die Reparaturen durchgeführt.
Im Zuge des Ausbaues des übergeordneten Bundesstraßennetzes wird auch eine Brücke unterhalb der Aspernbrücke notwendig, die eine Verbindung zwischen der Vorderen Zollamtsstraße (in Fortsetzung der B 1 entlang des Wientales) und der unteren Donaustraße herstellt. Das generelle Gestaltungskonzept war zum Zeitpunkt der Abfassung dieses Manuskripts abgeschlossen. Die Brückenplanung wurde von Alfred Pauser, Peter Biberschick und Karl Beschorner vorgenommen, die architektonische Gestaltung oblag Viktor Hufnagl. Die Planung erwies sich in diesem Bereich als besonders schwierig und heikel, da die neue Brücke – sie soll in Anbetracht der Nähe zur Urania den Namen Uraniabrücke tragen – die städtebauliche Situation völlig verändern wird. Im Zug der Donaukanalregulierung in den neunziger Jahren des vorigen Jahrhunderts wurde die Einmündung des Wienflusses als Erweiterung der Donaukanal-Kaianlagen ausgeführt. Nach der Zuschüttung des Wendebeckens, das infolge der Verlagerung der DDSG-Aktivitäten an die Donau nicht mehr benötigt wurde und verlandete, entstand auf Vorkainiveau der Hermannpark. Die neue Brücke bietet nun die Möglichkeit, die sukzessive entstandene städtebauliche Situation zu bereinigen und attraktiver zu gestalten. Vor allem auch im Hinblick auf die markante Lage der Urania. Eine wesentliche Schwierigkeit bei der Erstellung des Projektes waren die Niveauunterschiede. Das linke Kanalufer ist generell niedriger als das rechte, in diesem Fall erforderte jedoch eine wirksame städtebauiche Gestaltung eine Lösung mit geringster und niedrigster Nivelette der Fahrbahn. Den Brückenplanern gelang es, eine solche Lösung zu erreichen, wodurch sich nun für den gesamten Anrainerbereich der Unteren Donaustraße die Möglichkeit ergibt, an den Häuserfronten keine Stützmauern, sondern attraktive Gehwege und Erschließungen auszuführen.
Ein ganz wesentlicher Gewinn wird auch auf der Seite des 3. Bezirks erzielt. Dort ermöglicht die durch das geplante Brückenbauwerk neugeschaffene Situation ein Vorrücken der Kaimauern, wodurch die Kaianlagen ähnlich dem übrigen Donaukanalraum gestaltet werden können; vor allem wird jedoch die Anlage eines neuen Parks möglich, der mit seinen 7200 m^2 Fläche mehr als doppelt so groß wie der alte Hermannpark sein wird. Dieser neue Park kann durch das Auf-

lassen des Verkehrs in der Oberen Weißgerberstraße direkt an die Bebauung und die verkehrsberuhigte Radetzkystraße angebunden werden. Der alte Hermannpark mit seinem zum Teil überalterten Baumbestand muß zwar aufgelassen werden, jedoch entsteht eine neue, wesentlich attraktivere Anlage, in die der Baumbestand auf Kainiveau einbezogen werden kann.
Unterhalb des Parks bietet sich nunmehr die Chance für einen neuen Garagenstandort. Die geplante Garage bietet Platz für rund 650 Fahrzeuge; sie erscheint besonders im Hinblick auf die derzeit im Bau befindlichen Bundesamtsgebäude richtig placiert. Die Ein- und Ausfahrtsrampe wird von den Planern in der Oberen Weißgerberstraße vorgeschlagen.
Das in Zusammenarbeit mit der MA28 und der MA46 ausgearbeitete Verkehrskonzept bringt zwar geringe Leistungseinbußen für den Autoverkehr, aber große Vorteile für die Rad- und Fußwege, wobei der Anschluß an das übergeordnete Radwegnetz über eine Rampe – analog der Rampe bei der Urania – hergestellt wird.
Die Konstruktion der neuen Brücke wird in der Projektbeschreibung wie folgt dargestellt:
„Wegen der besonderen Situation der Brücke im Citybereich und in nächster Nähe zur Radetzky- und Aspernbrücke soll ausgehend von den Zwangspunkten der Nivelette ein Tragwerk entstehen, das den technologischen Fortschritt zu den beiden erwähnten Brücken dokumentiert“.
Es wurde eine Konstruktion gewählt, die aus einem stählernen Mittelteil und kleinen Seitenfeldern besteht. Dazu heißt es wieder in der Projektbeschreibung: „Die Trennung von Mittelfeld und Seitenfeldern entspricht historischen Beispielen und soll daher auch bei diesem Entwurf durch Anordnung von Pylonen bei den uferparallen Zwischenstützen kenntlich gemacht werden. Durch diese Pylonen erfolgt die Trennung der Brückenteile hinsichtlich ihres Materials (Stahlbrücke – Betonbrücke). Um eine einheitliche Ansicht zu erzielen, wird die Konsolkonstruktion über die gesamte Brückenlänge durchgeführt. Diese Lösung gewährleistet auch die horizontal unverschiebliche Einbindung der Stahlbetonplatten in die Kaimauern – bzw. Garagentrennwand.“
Da die neue Uraniabrücke gleichsam die dritte Seite eines „Brückentriangels“ darstellen wird, soll in besonderer Weise auf die Gestaltung Rücksicht genommen werden. Brücke, Rampe und Stiegen sollen auf bereits Vorhandenes abgestimmt werden. Die Pylonen sollen einen städtebaulichen Akzent setzen und eine räumliche Ordnung zwischen den Bebauungsstrukturen des zweiten und des dritten Bezirkes herstellen, Beleuchtungskörper und Geländer sollen mit einem speziell entwickelten Design an das Ensemble angepaßt werden.

Schematische Darstellung der Wiener Donaukanalbrücken (Stand 1983). ➨

JOSEF-v.-SCHEMMERL-BRÜCKE – Nußdorfer Wehr (1898), 1953–1955 repariert, 1978 renoviert

KNOTEN NUSSDORF – (in Bau)

EISENBAHNBRÜCKEN

NUSSDORFER BRÜCKE – (1964, Spannbeton)

HEILIGENSTÄDTER BRÜCKE
- „Kaiser-Franz-Joseph-Regierungs-Jubiläumsbrücke", 1883/84, Parabelfachwerk
- Heiligenstädter Brücke, Stahlbeton, erbaut 1959–1961

DÖBLINGER STEG – (1912)

GÜRTELBRÜCKE – Erbaut 1964, Stahlbeton

FRIEDENSBRÜCKE
- „Stoheckbrücke", Holzkonstruktion
- „Brigittabrücke", Eisenkonstruktion, 1871
- „Friedensbrücke", Stahl, 1926, kriegsbeschädigt, 1946 repariert

ROSSAUER BRÜCKE – (im Bau, Spannbeton)

AUGARTENBRÜCKE
- Hölzerne Jochbrücke, mehrfach erneuert (1530/1782)
- Versteiftes Hängesystem, erbaut 1873
- Stahlbrücke, erbaut 1929, kriegsbeschädigt, 1946 repariert

SALZTORBRÜCKE
- „Carlssteg", Kettenbrücke, erbaut 1827/28, umgebaut 1871
- „Stephaniebrücke", erbaut 1884–86
- „Erste Salztorbrücke", erbaut 1920, kriegszerstört
- „Zweite Salztorbrücke", erbaut 1960/61

MARIENBRÜCKE
- Bogentragwerk, erbaut 1905/06, kriegszerstört
- Stahlbetontragwerk, erbaut 1950–1953

DONAUKANAL

SCHWEDENBRÜCKE
- „Schlagbrücke", 1340, erneuert 1598, 1775
- „Erste Ferdinandsbrücke", Holz auf Steinpfeilern, 1819
- „Zweite Ferdinandsbrücke", umbenannt in Schwedenbrücke (1920), Zweigelenkbogen aus Flußeisen, erbaut 1909–1911, kriegszerstört
- „Zweite Schwedenbrücke", Spannbeton, erbaut 1953–1955

ASPERNBRÜCKE
- Versteifte Kettenbrücke, erbaut 1863/64
- Bogenbrücke, erbaut 1913–1919, kriegszerstört
- Trägerrosttragwerk, erbaut 1949–1951

WIEN ➧

URANIABRÜCKE – (geplant)

PROV. ROHRBRÜCKE – (1981)

FRANZENSBRÜCKE
- Verschalte Holzkonstruktion, erbaut 1803
- Kettenbrücke, erbaut 1848
- Fachwerk-Bogenbrücke, erbaut 1897–1899, kriegszerstört
- Stahlbogenbrücke, erbaut 1948

VERBINDUNGSBAHNBRÜCKE
- Versteifte Hängebrücke, erbaut 1860, abgebrochen 1894
- 1884 Gitterbrücke, 1945 zerstört
- Zweigelenk-Stahlbetonbrücke, nach dem Krieg neu erbaut

ROTUNDENBRÜCKE
- Überdachte, hölzerne Doppelbrücke, erbaut 1776
- „Rasumofskybrücke", steinerne Bogenbrücke, erbaut 1824
- „Erste Sophienbrücke", eisernes Fachwerk, umbenannt in Rotundenbrücke, erbaut 1872
- „Zweite Rotundenbrücke", Vollwand-Stahlbogen, erbaut 1935, kriegszerstört
- „Dritte Rotundenbrücke", stählernes Rahmentragwerk, erbaut 1954

STADIONBRÜCKE
- „Kaiser-Joseph-Brücke", erbaut 1872
- Neubau nach Kriegszerstörung 1959–1961

ERDBERGER BRÜCKE – Spannbeton, erbaut 1970

GASWERKSTEG – Erbaut 1900, Stahl, Zubau 1973

OSTBAHNBRÜCKE
- Parallelfachwerkträger, erbaut 1868–1870
- Stahlbogen mit Durchlaufträger, erbaut 1937/38

KABELSTEG

OSTAUTOBAHN – Erbaut 1974/75 Schrägseilbrücke aus Beton

FREUDENAUER HAFENBRÜCKE
- Erbaut 1957/58

DONAUKANAL

Die Wiener Nordbrücke

(ehem. Nordwestbahn-Brücke)

Die Nordbrücke steht auf historischem Boden. Hier wurde im Jahre 1439 die erste feste Donauüberquerung im Wiener Bereich, bestehend aus einer inneren Brücke beim Rothenturm-Tor, einer mittleren Brücke und einer äußeren Brücke, etwa beim heutigen Wasserpark, als von Herrscher- und Bürgerschaft vorfinanzierte Mautbrücke errichtet. Es war eine einfache Jochbrücke aus Holz. Im Zug der Donauregulierung wurden im Trockenen und vor Einleitung des Stromes in das neugegrabene Bett mehrere Brücken, darunter die Nordwestbahnbrücke gebaut.

Am 8. September 1868 erhielt die Süd-Norddeutsche Verbindungs-Bahn (SNDVB), ein integrierter Teil der Österreichischen Nordwestbahn (ÖNWB), die Konzession zum Bau einer Bahnlinie Wien–Znaim–Iglau-Deutschbrod–Kolin–Jungbunzlau erteilt. Diese neue Bahn führte den Namen „k.k. privilegierte österreichische Nordwestbahn". Es mußte ein neuer Bahnhof gebaut werden, das dafür in Aussicht genommene Gelände lag in einer sumpfigen Landschaft auf der Insel zwischen Donaustrom und Donaukanal. Die bereits erwähnte Eisenbahnbrücke wurde in den Jahren 1870 bis 1872 erbaut.

Die Wiener Nordbrücke.

Auf die für zweigleisigen Ausbau vorgesehenen Pfeiler wurde zunächst ein eingleisiges Tragwerk aufgelegt, dieses wurde in den Jahren 1907/08 für eine zweigleisige Streckenführung erweitert. Zurück zum Bau der Brücke:
Obwohl noch über den unregulierten Strom – im Trockenen – gebaut, war das neue Strombett bereits in seiner Lage bekannt, so daß man mit vier Öffnungen zu je ungefähr 80 Meter bei einer Gesamtlänge von 775 Meter das Auslangen fand.
Fundiert wurde nach dem bereits bewährten Prinzip der Druckluftgründung, wobei man den *Caissons* (17,,60 x 5,00 Meter) flußaufwärts bereits eine Halbkreisform gab. Die Caissonsarbeiten an allen 19 Pfeilern konnten in der auch für heutige Begriffe bemerkenswerten Zeit von nur einem Jahr durchgeführt werden.
Für die Eisenkonstruktion wählte man die Firma J. C. Harkort aus Duisburg. Dieses Unternehmen schloß von den vier Feldern der Gitterträgerbrücke immer nur zwei zu einem Durchlaufträger zusammen. Während die Mittelunterstützungen die festen Auflager erhielten, ruhten die Enden wieder auf sogenannten Kettenlagern. Die Montage der Strom- wie der Inundationsbrücke erfolgte auf fester Rüstung, wobei mit Rücksicht auf die Schiffahrt immer nur die halbe Strombreite eingerüstet wurde.
Die Orte der Pfahljoche waren indentisch mit den Knotenpunkten und hatten somit voneinander einen Abstand von ungefähr 11 Meter.
Die Nordwestbahnbrücke, die im letzten Kriegsjahr bei den Kämpfen um Wien mit Teilzerstörungen davonkam, wurde nach dem Kriege behelfsmäßig als eingleisige Bahnbrücke wiederaufgebaut. Die Wiedererrichtung der Nordbahn-Donaubrücke und die Aufnahme des Schnellbahnbetriebes in der Bundeshauptstadt durch die Österreichischen Bundesbahnen machten schließlich eine weitere Benützung der Nordwestbahnbrücke für den Bahnbetrieb überflüssig. Die Bundesbahnen boten der Wiener Stadtverwaltung die Brücke einschließlich der anschließenden Trassenteile für die Herstellung einer Straßenverbindung über die Donau an.
1961 begann das Wiener Stadtbauamt mit den Vorarbeiten für den Ausbau einer Schnellstraße auf der bestehenden Nordwestbahntrasse. Nach der Entfernung eines in den Kriegstagen versenkten Schiffswracks unter der Brücke wurde untersucht, ob und wie weit die alten Strompfeiler, die in den Jahren 1870/72 für die Bahnbrücke errichtet worden waren, auch für die künftige neue Brücke weiter verwendet werden konnten. Die Strompfeiler waren, wie schon erwähnt, auf ca. 17 Meter langen uund 5 Meter breiten Senkkästen gegründet. Diese ruhten auf dem rund 8 bis 10 Meter unter dem Stromgrund befindlichen tragfähigen Wiener Tegel.
Es zeigten sich Teilschäden, und da außerdem bei der zukünftigen Straßenbrücke mit größeren Auflagerdrucken als bei der Bahnbrücke zu rechnen war, entschloß man sich zum Umbau der Pfeiler.

Die Strombrücke über die Donau wurde – erstmalig für Wien – in Stahlverbundbauweise errichtet, das heißt, die aus Vollwandträgern bestehende Stahlkonstruktion wirkt durch die Anordnung von sogenannten Schubdübel mit der Stahlbetonfahrbahnplatte statisch zusammen.

Das Tragwerk über den Strom ist ein Durchlaufträger über vier Felder mit je 83 Meter und besteht aus vier vollwandigen Stahlhauptträgern von 2,60 Meter Höhe.

Die über den Handelskai und die Gleise des Bahnhofes Brigittenau führende Kaibrücke wurde ebenso in Stahlverbundbauweise – aus drei Feldträgern mit einer Bauhohe von 2,3 Meter – ausgeführt. Die Nordbrücke – so hieß das neue Brückenbauwerk nun – bestehend aus Kaibrücke, Flutbrücke und Strombrücke sowie den nötigen Rampen weist eine Gesamtlänge von 920 Meter auf, die Regelbreite liegt bei 20 Meter. Die Brücke besitzt zwei durch Leitschienen getrennte je 8 Meter breite Richtungsfahrbahnen und zwei je 1,50 Meter breite Gehwege. Sie war ein Teamwork großer österreichischer Brückenbaufirmen. Da keine sichtbehinderten Konstruktionsteile über die Fahrbahn ragen, hat man einen freien Blick über die nahen Wienerwaldberge.

Jener Bereich, der zu einer Straßenbrücke umgebauten ehemaligen Nordwestbahnbrücke über den Handelskai, die Gleise der Donauuferbahn, die Donau selbst, das Überschwemmungsgebiet und den Hubertusdamm erhielt den Namen „Nordbrücke“; die Verlängerung des Verkehrsbauwerkes in Richtung Stadt, die neue Brücke über den Donaukanal sowie über die Nußdorfer Lände und die Brigittenauer Lände bei der Schiffsbautechnischen Versuchsanstalt wurde als „Nußdorfer Brücke“ bezeichnet.

Die Nordbrücke und die Nußdorfer Brücke (über den Donaukanal) sind Teile eines Verkehrsbauwerkes, das am 19. Dezember 1964 vom Wiener Bürgermeister Franz Jonas dem Verkehr übergeben wurde und zu einem der wichtigsten Straßensysteme der Bundeshauptstadt gehört.

Die Floridsdorfer-Brücke

(Tabor-Brücke/Kaiser-Franz-Joseph-Brücke)

Aus der Überschrift dieses Brückenkapitels ersieht man, daß die Ende des 17. Jahrhunderts gebaute Tabor-Brücke als die Urahnin der heutigen Floridsdorfer-Brücke anzusehen ist. Diese Tabor-Brücke, eine Holzkonstruktion unweit des jetzigen Standortes der Floridsdorfer Brücke wurde 1856 durch einen riesigen Eisstoß schwer in Mitleidenschaft gezogen, der Übergang war längere Zeit unbenützbar. Auch Kriege und Hochwasser störten oft den Übergang, so daß die schon seit alters bestehenden Überfuhren („Urfahr" genannt) weiter in Betrieb blieben.

Die Taborbrücke war bis zum Jahr 1875 noch die einzige über den Hauptarm der Donau führende Straßenbrücke mit elf Öffnungen von je 15,80 Meter Spannweite. Die Trageelemente waren sogenannte „Klötzel- oder Peutelholzträger", welche aus drei übereinandergelegten, an den Enden und in der Mitte durch Klötze und eiserne Bänder verbundenen Balken bestanden. Es handelte sich dabei um eine typisch österreichische Bauweise bei Brücken, welche man auch unter dem Namen „Österreichische Knüppelbrücken" findet. Schon vor der Regulierung der Donau stritten – nicht zuletzt aus wirtschaftlichen Gründen – mehrere Interssentengruppen unter anderem über künftige feste Donauübergänge an der Donau. Die Taborbrücke wurde gegen Ende von ca. 1 Million Landfuhren pro Jahr passiert, so daß diese wirtschaftlichen Überlegungen gerechtfertigt waren.

Man entschied sich daher, in der Verlängerung der alten Taborbrücke eine massive Straßenbrücke über das neue Donaubett zu errichten. Der Bau der „Kaiser-Franz-Joseph-Brücke" wurde 1872 begonnen. Sie wurde zunächst an das letzte Tragwerk der Taborbrücke angeschlossen. Das Holztragwerk überbrückte den alten Hauptarm etwa in der Lage der heutigen Floridsdorfer Hauptstraße und konnte erst nach Umlegung der Donau in das neue Bett durch einen Damm ersetzt werden.

Die Kaiser-Franz-Joseph-Brücke hatte vier Öffnungen zu je 83,76 Meter (Schiffahrtsöffnung 80,00 Meter) und eine Nutzbreite von 7,6 Meter. Sie war in ihrer Urform eine Eisenbrücke mit parallelgurtigen Gitterträgern von 85 Meter Stützweite und wurde nach den Plänen Hornbostels 1872–1874 von der deutschen Firma Harkort ausgeführt.

Die verschiedensten Gründe (Gewichtsbeschränkung für die Lokomotiven der Dampftramway, zunehmender Straßenverkehr, Versorgung der anliegenden Gebiete mit Gas und Hochquellwasser ließen aber bald schon wieder an einen Neubau denken.

Die Grundsteinlegung der neuen Brücke – sie erhielt den Namen „Floridsdorfer Brücke" – erfolgte am 28. Juni 1913 durch Kaiser Franz Joseph. Der erste Weltkrieg verzögerte jedoch die Fertigstellung, so daß ein Teilbetrieb erst 1923 aufgenommen und die Vollendung und feierliche Eröffnung durch Bürgermeister Karl Seitz am 25. Juni 1924 erfolgte.

Im Gegensatz zu ihrer Vorgängerin wurde diese Brücke von österreichischen Stahlbauunternehmen, und zwar Waagner-Biró und Kunz in Hirschstetten, in ihrer Eisenkonstrunktion erstellt. Die Eisenbleche kamen aus Witkowitz. Der Querschnitt der Brücke, die die Bezirke Brigittenau und Floridsdorf verbindet, wies vier Fahrspuren mit insgesamt 13,8 Meter auf.

Wieder überrollte sowohl der Individualverkehr wie auch der öffentliche Verkehr die Technik und beschäftigte die zuständigen Stellen mit Überlegungen für einen Neubau.

Die seit August 1976 durchgeführten Brückenüberprüfungen an der Floridsdorfer Brücke zeigten Schäden am rechten Strompfeiler, die zur Sperre der Brücke am 23. Dezember 1976 führten.

Zunächst rechnete man noch mit einer Sanierung der Brücke, die in zwei bis drei Monaten beendet sein sollte. Noch während der Sanierungsarbeiten tauchte jedoch die Frage auf, ob ein Neubau der Floridsdorfer Brücke nicht sinnvoller wäre. Die alte Brücke war in verkehrstechnischer Hinsicht ohnehin nicht mehr leistungsfähig genug und hätte um mindestens zwei Fahrspuren verbreitert werden müssen. Die Generalsanierung hätte mit der Errichtung von Notbrücken beinahe ebensoviel wie ein Brückenneubau gekostet.

Noch in der ersten Jännerwoche entschied man sich für den Neubau. Die alte Brücke wurde daher nur provisorisch saniert, so daß der Straßenbahnverkehr wieder darübergeleitet werden konnte.

Auf Grund des Stadtsenatsbeschlusses konnte am 8. April 1977 mit den Bauarbeiten für die erste Phase begonnen werden. Der Baubeginn für die zweite Phase erfolgte am 12. Oktober 1977.

Die neue Floridsdorfer Brücke, die in der auch international beachtlich kurzen Zeit von nur 18 Monaten errichtet wurde. Rechts im Bild wird die alte Brücke abgetragen.

Floridsdorfer Brücke.

Als Termin für die gesamte Verkehrsfreigabe war der 13. Oktober 1978 vorgesehen. Intensiver Arbeitseinsatz, günstige Wasserstände der Donau, das Ausbleiben längerer Schlechtwetterperioden und ein technischer Bauablauf ohne Pannen machten eine Unterschreitung des vereinbarten Termines möglich, so daß bereits am 3. Oktober 78 die gesamte Floridsdorfer Brücke offiziell dem Verkehr übergeben werden konnte. Die Bauzeit von 18 Monaten stellt eine Rekordzeit dar und ist für derartige Brückenbauten wohl einmalig. Es ist eine international äußerst bedeutende Leistung der österreichischgen Bauwirtschaft; die Stahlbauarge Wiener Donaubrücken sowie der ARGE Tiefbau Floridsdorfer Brücke haben eine Weltrekordbrücke erbaut.

Die Strombrücke und Flutbrücke wurden als Stahlkonstruktionen, die übrigen Teile des Bauwerks als Spannbetonbrücke errichtet. Der Bau erfolgte in zwei Etappen. In der ersten Phase wurden die Brücke über die Donau und der rechte Brückenkopf gebaut. In der zweiten Phase folgten der Dammabschnitt sowie die Brücke über die Neue Donau und die Überbrückung der Donauuferbahn. Schließlich mußte die alte Brücke abgetragen werden. Für den Straßenverkehr stehen auf der Floridsdorfer Brücke je zwei Fahrspuren in jeder Richtung zur Verfügung. Stromabwärts schließen sich seitlich der Gleiskörper für die Straßenbahn und ein fünf Meter breiter Geh- und Radweg an.

Die Spannweite des Brückenneubaues beträgt zwischen den beiden Strompfeilern 167,5 Meter, die Gesamtlänge zwischen rechtem und linkem Widerlager 332,5 Meter. Die Stahlbrücke über die Neue Donau ist 215 Meter lang. Die Donauuferbahn wird durch eine Spannbetonbrücke mit 33 Meter Stützweite überbrückt. Die Baukosten des neuen Donauüberganges betrugen 813 Millionen Schilling. Die Abtragung der alten Brücke benötigte etwa den gleichen Zeitraum wie der Neubau.

Am schwierigsten gestaltete sich die Entfernung der Strombrücke, da es dabei zu keiner Behinderung der Schiffahrt kommen durfte. Der mittlere, tief in der Fahrrinne fundierte Brückenpfeiler mußte nach einem besonderen Verfahren beseitigt werden: eine stählerne Spundwand wurde in das Schotterbett der Donau gerammt, und im Schutz dieses Spundwandkastens, der dauernd ausgepumpt werden mußte, wurde der alte Pfeiler stückweise abgetragen. Der letzte Teil der alten Brücke wurde Ende 1980 beseitigt. Nur die Reste der zwei ufernahen Strompfeiler blieben – gleichsam als Erinnerung an die alte Floridsdorfer Brücke – im Strom stehen.

Die Nordbahn-Brücke

(ehemals Kaiser-Ferdinand-Nordbahn-Brücke)

Das Netz der Kaiser-Ferdinand-Nordbahn (KFNB) bestand zur Zeit seiner größten Ausdehnung, am 1. Jänner 1907, als sie von den k. k. Staatsbahnen absorbiert wurde, im wesentlichen aus der Hauptstrecke Wien/Nordbahnhof-Gänserndorf-Lundenburg-Prerau-Oderberg-Krakau und fünf Seiteninien. Hauptzweck der Bahn war anfänglich der Transport von Salz, Getreide, Holz, Eisen, Tabak und anderer Artikel aus dem galizischen Pochnia. Der später einsetzende Kohletransport war zu Anfang nur von geringerer Bedeutung.

Zur Verbindung mit Wien wurden provisorische Holzbrücken für eine zweigleisige Trasse beschlossen, die erst nach erfolgter Regulierung der Donau in definitive Brücken umgestaltet werden sollten. Um die Jahreswende 1837/38 sind zwei hölzere Brücken über Donau und Kaiserwasser fertiggestellt. Die „Provisorien" blieben aber 35 Jahre lang bestehen.

In den Jahren 1872 bis 1874 konnte die neue Brücke noch im Trockenen, vor der Regulierung der Donau, ausgeführt werden. Die Strecke von Wien nach Floridsdorf wurde am 26. März 1874 dem allgemeinen Verkehr übergeben. Eröffnung war aber am 11. Februar 74, anläßlich einer Reise des Kaisers nach Rußland.

Die Nordbahn-Brücke – so hieß sie von nun an, hatte vier Öffnungen zu je 84 Meter und sieben Inundationsöffnungen zu 58 Meter, wovon die letzten drei Öffnungen in einem Bogen lagen. Die Konstruktion bestand aus parabolischen, doppelwandigen Gitterträgern. Während der Kämpfe im Frühjahr 1945 wurde die Brücke gesprengt und 1957 auf denselben Pfeilern und in der gleichen Konstruktion neu errichtet.

1971/72 begann man mit den Arbeiten für den Hochwasserschutz (Donauinsel und neue Donau). Die Verbesserung des Donauhochwasserschutzes durch den Bau des Entlastungsgerinnes machte es notwendig, in diesem Bereich die Fundierung der Pfeiler der Nordbahn-Brücke tiefer zu führen. Während beim Bau der Nord-Brücke auf die heute notwendig gewordenen Arbeiten bereits Rücksicht genommen werden konnte, war dies bei der Nordbahn-Brücke noch nicht geschehen. Ihre Fundamente lagen ca. zwei Meter höher als die jetzige Gerinnesohle. Während der gesamten Baudurchführung war es notwendig, äußerst präzise Setzungsmessungen durchzuführen, die Auswirkungen der Setzungen auf die Tragwerke zu beurteilen und durch Abstimmung aller Baumaßnahmen den Verformungen entsprechend entgegenzuwirken.

Die Brigittenauer Brücke

Wiens fünfte Straßenbrücke über die Donau, die Brigittenauer Brücke, die etwa auf halbem Weg zwischen Floridsdorfer- und Reichsbrücke den Strom, die Donauinsel und die neue Donau überspannt, stellt nun die Straßenverbindung zwischen dem Handelskai im 20. Bezirk und der Donauuferbahn im 22. Bezirk her. Die ersten Pläne für eine Donaubrücke in Verlängerung der Brigittenauer Innstraße stammen aus dem Jahre 1893. Viele Jahre in der Versenkung, tauchte das Projekt erst wieder 1952 auf, aber im Stadtplanungskonzept 1962 fand die Brigittenauer Brücke jedoch keine Erwähnung.
Die Gürtelverlängerung war hier nur über die dritte Donaubrücke, die ehemalige Nordwestbahn- und nunmehrige Nordbrücke, vorgesehen. Schon 1967 erwies sich die Nordbrücke aber als nicht ausreichend, und der Plan einer Brigittenauer Donaubrücke mit einer Verbindung zum Gürtel kam wieder zum Vorschein.
Am 24. März 1980 wurde der Auftrag vom Amt der Wiener Landesregierung an die Stahlbau-ARGE Wiener Donaubrücken, die aus der WBB und der Firma Waagner-Biró besteht, vergeben.
Die Gesamtlänge der Brücke beträgt 644 Meter. Die Strombrücke mit einer Länge von 355 Meter weist Stützweiten von 90, 175 und 90 Meter auf, die Flutbrücke mit einer Gesamtlänge von 275 Meter zwischen den Flutpfeilern ca. 110 Meter. Im Strombereich beträgt die Brückenbreite 32 Meter, im Aufweitungsbereich

Bau der Brigittenauer Brücke. Einschwimmen eines Brückenteiles.

Die Brigittenauer Brücke.

rund 58 Meter. Als Brückenquerschnitt wurden zwei einzelne Hohlkästen von 4,65 Meter gewählt.
Auf der Strombrücke gibt es je Fahrtrichtung zwei Fahrspuren und eine „Manöverspur", auf der stromabwärtigen Seite außerdem einen ca. einen Meter breiten Schutzstreifen. Ein besonderes Charakteristikum der Brigittenauer Brücke bildet der stromauf angeordnete, mehr als 5,5 Meter breite Geh- und Radweg. Er beginnt mit einer kleinen Rampe bei der Traisengasse, quert den Handelskai und die Donauuferbahn mit einer schlanken Spanntonbrücke und mündet in die im Bereich des rechten Donauhochwasserschutzdammes errichtete Wendelrampe. Von hier aus kann das neu geschaffene Erholungsgebiet des rechten Donauufers genützt, und der Geh- und Radweg auf der Strombrücke erreicht werden. Für den Zugang zur Donauinsel wurde beim Übergang von der Strombrücke zur Brücke über die neue Donau eine weitere ähnliche Wendelrampe gebaut. Diese Wendelrampen sind filigran anmutende Stahlkonstruktionen und ermöglichen Radfahrern, Müttern mit Kinderwägen und gebrechlichen Personen den Übergang ohne die Mühe des Stiegensteigens.
Der rechte Strompfeiler wurde ähnlich wie bei der Floridsdorfer Brücke mittels eines 17,5 Meter breiten und 40 Meter langen Spundwandkastenfangedammes errichtet. Zur Fundierung des linken Strompfeilers wurden ca. 50.000 m^3 Kies-

material aus der Baggerung für die neue Donau halbinselförmig in das Buhnenfeld der Donau geschüttet und mit Steinwurf gegen Auswaschung gesichert.
Die Flutbrückenpfeiler wurden im Gegenstz zu den Strompfeilern auf einem durch Querschote ausgesteiften Schlitzwandkasten gegründet.
Zusammen mit dem Knoten Donaupark und der Sanierung der für den Umleitungsverkehr benötigten Straßen beliefen sich die Kosten insgesamt auf 1,4 Milliarden Schilling.
Am 25. Oktober 1982 wurde das Bauwerk, das durch die beiden Fußgänger-Wendelrampen, die verlaufende Außenkontur und durch die lebhafte rote Farbe sein charakteristisches Aussehen erhält, dem Verkehr übergeben.

Die Wiener Reichsbrücke

(ehem. Kronprinz-Rudolf-Brücke)

Anläßlich der großen Donauregulierung, die Kaiser Franz Joseph am 12. September 1868 anordnete, wurden die einzelnen, vielfach gekrümmten Donauarme zusammengefaßt; es entstand ein ca. 300 Meter breites neues Flußbett. Zur selben Zeit gab der Kaiser auch Auftrag, eine stabile Brücke zu bauen.
Diese wurde in den Jahren 1872–76 errichtet und stellte eine Verbindung der Jägerstraße (jetzt Praterstraße) – Schwimmschulstraße (jetzt Lassallestraße) her. Zur Bauzeit war die Donau an dieser Stelle noch nicht reguliert, daher baute man über einen trockengelegten Donauarm und leitete die regulierte Donau später durch das Bauwerk.
Einschließlich der Auffahrtsrampen, der Kai- und Inundationsbrücken betrug die Länge der Brücke 1020 Meter, und die Gesamtbreite 11,50 Meter. Die Fahrbahn selbst war nur 7,58 Meter breit. Fünf Steinpfeiler, drei davon im Strombett, trugen das kontinuierliche Gittertragwerk aus Schweißeisen. Diese Eisenkonstruktion – Geländer und Verkleidungen nicht mitgerechnet – wog 2139 Tonnen. Bauausführend war die französische Firma „Schneider u. Co." in Creuzot. Am 21. August 1876 wurde die 3,5 Millionen teure Brücke eröffnet und zu Ehren des Kronprinzen „Kronprinz-Rudolph-Brücke" benannt. Nach dem Ersten Weltkrieg war „Kronprinz-Rudolf" nicht mehr aktuell, das Bauwerk wurde in „Reichsbrücke" umgetauft.
Nach mehr als fünfzig Jahren, Anfang der dreißiger Jahre unseres Jahrhunderts, zeigten sich Schäden, die einer Generalsanierung bedurften.
Die berühmt-berüchtigten „Dreißiger Jahre" mit durch Arbeitslosigkeit hervorgerufenen innenpolitischen Problemen ließen die verantwortlichen Politiker den Plan eines Arbeitsbeschaffungsprogrammes entwerfen, und diese faßten den Entschluß, die Kronprinz-Rudolph-Brücke neu erstehen zu lassen. Dadurch wurde auch das Arbeitslosenproblem positiv beeinflußt. Der Bau der Wiener Höhenstraße sowie der Großglockner Hochalpenstraße waren gleichfalls Projekte des unter Bundeskanzler Dr. Dollfuß erstellten Arbeitsbeschaffungsprogramms.
Ein entsprechender Vorwettbewerb brachte kein Ergebnis, das den Vorstellungen des zuständigen Ministeriums und der Stadt Wien entsprach. Man entschloß sich im Frühjahr 1933 zu einem Wettbewerb zwischen den größten Stahlbaufirmen und Bauunternehmungen. Die Prüfung der preisgekrönten Objekte hinsichtlich Wirtschaftlichkeit, Statik und Architektur war im Dezember 1933 beendet. Es stand vorerst ein Projekt der Architekten S. Theiss und H. Jaksch, „Donauweltstadt", eine Kabel-Hängebrücke ohne Strompfeiler, in engster Wahl, doch die um 1/3 höheren Kosten gaben letztendlich den Ausschlag, daß man sich für das Projekt „Kettenbrücke" – übrigens vom selben Architektenteam – entschied. Sie

Die alte Reichsbrücke.

Querverschub der Kronprinz-Rudolph-Brücke für den Neubau der „alten" Reichsbrücke.

Die neue Reichsbrücke.

sollte nach Budapest und Köln-Mühlheim die drittgrößte Kettenbrücke Europas werden.
1934 erfolgte der Baubeginn. Die größte Schwierigkeit lag nun darin, den Schiffsverkehr sowie den Verkehr über die Donau so wenig wie möglich zu behindern. Ein technisch kühner Plan wurde verwirklicht, indem man das alte Tragwerk durch Verschieben flußabwärts auf neue Holzpfeiler verlagerte. Am 12. September 1934 begann diese – für die damalige Zeit – Großleistung der österreichischen Ingenieurskunst. Das alte Ungetüm von 338,8 Meter Länge wurde als zusammenhängendes Ganzes 26 Meter stromabwärts gezogen. Im August hatte man das Gitterwerk um 30 Zentimeter gehoben, damit es eine geneigte Abschußbahn bekommt. Das Gewicht der Brücke war mehr als 2000 Tonnen, dazu kamen noch das Pflaster und die vielen Kabelstränge mit nochmals 2000 Tonnen, das bedeutet die Last von 400 zehntonnigen Eisenbahnwaggons. Den Zug besorgten drei Bauwinden und ein Spill (Winde für Ankerketten) mit einer Kraft von 12 modernen Schnellzuglokomotiven (die Daten entsprechen den damaligen technischen Gegebenheiten).
Das Ausschieben der alten Brücke dauerte ganze 6 1/2 Stunden, der Verkehr war nur 48 Stunden unterbrochen.
Die neue Kettenbrücke war eine Hängebrücke mit aufgehobenem horizontalen Schub. Der Scheitelpunkt lag um 4 Meter höher als jener der alten Brücke.
Die Gründung der Pfeiler – die alten waren unbrauchbar – erfolgte mit Senkkästen aus Eisenbeton.
Die Gesamtbrücke bestand aus:
der stadtseitigen Auffahrtsrampe
der Kaibrücke (über der Donauuferbahn)
der eigentlichen Strombrücke
der Inundationsbrücke (Flutbrücke)
der Auffahrtsrampe am Kagraner Ufer.
Strombreite: 300 Meter
Gesamtlänge der Brücke (von Rampe zu Rampe): 1.225,00 Meter
Gesamtlänge der Strombrücke (Stahlkonstruktion): 372,80 Meter
Gesamtbreite der Brücke, einschließlich der Gehsteige: 26,90 Meter
Spannweite der linken Seitenöffnung: 60,05 Meter
Spannweite der rechten Seitenöffnung: 61,05 Meter
Höhe der Pylonenportale über dem Straßenniveau: 30,00 Meter
Pfeilhöhe der Kette: 25,00 Meter
Gesamtgewicht der Stahlkonstruktion: 10,700,00 Tonnen.
Die Brücke besaß vier Fahrbahnen für Autos, zwei Straßenbahnspuren sowie zwei Gehsteige von je 3,50 Meter Breite. Die Baukosten betrugen 34.500,00 Millionen Schilling, und nach dreijähriger Bauzeit, am 10. Oktober 1937, konnte sie vom Bundespräsidenten Dr. Wilhelm Miklas feierlich ihrer Bestimmung übergeben werden.

Den Zweiten Weltkrieg überdauerte die Reichsbrücke trotz heftiger Kämpfe im April 1945 ohne allzu große Schäden. Sie mußte sich aber wieder eine Namensänderung gefallen lassen. Vom 12. April 1946 bis 18. Juli 1956 nannte man sie „Brücke der Roten Armee“.
Nach Beendigung der Besetzung erhielt sie wieder ihren alten Namen, „Wiener Reichsbrücke“. Eine Verkehrszählung im Jahre 1970 ergab eine Tagesfrequenz von 45,768 Fahrzeugen. Obwohl sie ständig maximaler Belastung ausgesetzt war, deutete nichts – auch bei den vorgeschriebenen Überprüfungen – darauf hin, daß die Tragfähigkeit begrenzt gewesen ist. Aber am Sonntag, dem 1. August 1976 morgens kam es zur Katastrophe: Die Wiener Reichsbrücke stürzte ein.
Die Einsturzursache war nach Auffassung einer Expertenkommission „*... im ungünstigen Zusammenwirken einer Reihe von Faktoren zu suchen, die, jede für sich genommen, ungefährlich gewesen wäre. Auch eine noch so eingehende Untersuchung der Brücke hätte den Einsturz nicht verhindert, da eine zerstörungsfreie Prüfung des Betons in den Pfeilersockeln mit den derzeit bekannten Mitteln nicht möglich ist ...*“
Es ist also immer mit einem Rest an Risiko zu rechnen, wenn technische Bauten außer sicher auch wirtschaftlich gebaut und instandgesetzt werden müssen.
Es mußte nun raschest ein Projekt zur Erneuerung der Brücke erstellt werden. Die Räumung der Einsturzstelle setzte unmittelbar ein, und eine Stahlbau ARGE (Waagner-Biró/VOEST/Wiener Brückenbau) erhielt Auftrag zur Erstellung einer Straßenbehelfsbrücke sowie einer zweiten Behelfsbrücke für den Straßenbahnverkehr. Dies ist einfach niedergeschrieben, aber die Errichtung der Stromtragwerke für beide Behelfsbrücken in der geforderten Zeit stellte eine in der ganzen Welt einmalige Leistung dar. In etwa 10 1/2 Wochen nach Auftragserteilung gelang es am 27. November 1976, das letzte Tragwerk auf die Stromjoche zu setzen. Die Straßenbehelfsbrücke über das Überschwemmungsgebiet war eine elffeldrige Konstruktion aus Fertigteilträgern mit einer Regelspannweite von 24,30 Meter und einer Gesamtlänge von 279,2 Meter. Das Tragwerk nahm zwei Fahrspuren und einen Gehweg auf einer Breite von 10,0 Meter auf und war – ebenso wie die Ersatzbrücke über die Donau – für 3,5 Tonnen Lkw dimensioniert. Die fünf Fertigteillängsträger je Feld wurden an den Stützen mit Dywidagstangen zusammengespannt. Darauf wurden die in ein Mörtelbett verlegten Stahlbetonfertigteilplatten geschraubt. Ein 5 bis 12 cm dicker Bitukiesbelag wurde direkt aufgebracht. Der Unterbau bestand aus schlanken Stahlbetonscheiben, die auf je zwei 8,5 Meter langen, unbewehrten Bohrpfählen Ø 150 cm fundiert sind.
Die Straßenbahnbehelfsbrücke hatte eine ähnliche Konstruktion. Sie bestand aus zwölf Feldern à 24,2 Meter, ihre Breite betrug 10,15 Meter. Die vier Fertigteillängsträger sind paarweise zusammengespannt. Auf ihnen lagen die Schwellen sowie stählerne Querträger, die eine vollflächige Verbohlung und Auflagerrollen für ein Gasrohr Ø 50 cm aufnahmen. Der Unterbau bestand ebenfalls aus

schlanken Stahlbetonscheiben, die auf je drei bewehrten Bohrpfählen Ø 150 cm fundiert waren.

Die Projektierung der neuen Reichsbrücke wurde von einem bereits am 3. August 1976 gegründeten Arbeitskreis in Bewegung gesetzt, sie sollte Stellung und Aufgabe der Brücke als Bauwerk über einem europäischen Strom und Wasserweg mit internationaler Bedeutung vorzeigen. Auch die künftig wichtigste Stadtachse war zu berücksichtigen.

Verkehrsfunktionen, Gestaltung, U-Bahnführung, städtebauliche Einbindung im Einflußbereich der Brücke, Brückenköpfe (Mexikoplatz und Kaisermühlen), Gestaltung und Konstruktion, Ausstattung, Gehsteige und Fußwege, Radweg, Fahrbahn, Verknüpfung mit dem übergeordneten Straßenverkehr, Anforderungen des Wasserbaues und der Schiffahrt – all das sollte bestmöglich in Einklang gebracht werden. Schließlich wurde mit dem Auftrag und der Vergabe der Bauarbeiten die ARGE Johann Nestroy (Hofman & Maculan, Hamberger, Negrelli, Stuag, Züblin) – unter Beiziehung der Ziviltechniker für Bauwesen, Dipl.-Ing. Kotz und Prof. Siren aus Finnland – betraut. Am 9. Jänner 1978 konnte mit den Bauarbeiten begonnen werden. Der hohe Voranschlag der Gesamtkosten von 894,3 Millionen Schilling erklärt sich aus der Tatsache, daß die neue Reichsbrücke – neben ihrer Funktion als Straßenbrücke – auch dem U-Bahn-Verkehr, den Fußgängern und Radfahrern, sowie der Führung von Rohren der Gaswerke, der Wasserwerke und Heizbetriebe, und von Kabeln der E-Werke und des Kabelbauamtes dient.

Das Ziel hinsichtlich der Errichtung dieser Brücke, die in ihrer Art international einzigartig ist und alle hier genannten Anforderungen erfüllt, war die Schaffung eines schlichten Ingenieurbauwerks, dessen einheitliches Erscheinungsbild aus Konstruktion und Funktion abgeleitet ist. Eine klare Trennung aller Funktionen sollte optimale Bedingungen für alle Benützer schaffen und konstruktiv zu einer plastischen Gliederung des Bauwerkes genutzt werden. Größte Wirtschaftlichkeit in Konstruktion und Bau war selbstverständlich Vorausetzung, und schließlich sollte die Brücke keine neue Dominante zum internationalen Zentrum Wien linksufrig sowie zur bestehenden Bebauung rechtsufrig mit freiem Blick auf den Stephansdom bilden.

Als Lösung wurde eine Deckbrücke mit zweigeschossigem Aufbau in Spannbetonausführung gewählt. Für die Strombrücke waren Freivorbau und ein Strompfeiler vorgesehen, für die übrigen Bereiche die Herstellung auf Lehrgerüsten mit entsprechender Wahl der Pfeilerstellungen.

Dem Individualverkehr ist das Oberdeck der Brücke zugeordnet. Aus der geforderten Anzahl von Fahrspuren zuzüglich Leit- und Sicherheitseinrichtungen, ergibt sich die Mindestbreite von insgesamt 26,10 Meter.

Die U-Bahn ist in die Hohlkästen verlegt. Sie findet hier die besten Betriebsbedingungen, gleichzeitig werden Umweltbelästigungen ausgeschaltet, und die Konstruktion gewinnt an Wirtschaftlichkeit.

Die kombinierten Fuß- und Radwege werden jeweils an der Außenseite der Hohlkästen im Unterdeck angeordnet. Das gesamte Bauwerk ist in Längsrichtung konstruktiv in drei Tragwerksabschnitte unterteilt:
a) in das fünffeldrige Stromtragwerk mit dem Festlager auf dem Strompfeiler
b) in das dreifeldrige Tragwerk über der neuen Donau mit dem Festlager am Trennpfeiler eins
c) in das zweifeldrige Tragwerk über der A 22, in dessen Tragwerksbereich die U-Bahn seitlich herausgeführt wird.
Die Stützweiten des über fünf Felder fugenlos durchlaufenden gevouteten Stromtragwerkes betragen 87,89 – 169,61 – 150,00 – 60,42 – 60,42 Meter.
Für die Festlegung dieser Gegebenheiten waren die vorhandenen Fundamente der Kronprinz-Rudolph-Brücke sowie die Bedingungen der Schiffahrt maßgebend. Somit ergab sich die Stützweite der Hauptöffnung mit 169,61 Meter durch die Lage des am rechten Ufer der Donau situierten Pfeilerfundamentes der alten Reichsbrücke und eines im Untergrund befindlichen Restes eines Pfeilers der Kronprinz-Rudolph-Brücke.
Das Dreifeldtragwerk über die neue Donau überspannt diese mit Stützweiten von 61,11 – 77,57 und 74,57 Meter. Das 124 Meter lange zweifeldrige Tragwerk über der Donauufer-Autobahn A 22 überspannt diese mit Stützweiten von 67,57 und 58,42 Meter.
Das Tragsystem der neuen Reichsbrücke wird durch zwei einzellige Hohlkästen gebildet. Das gesamte Tragwerk ruht auf neun Pfeilern und zwei Widerlagern, wovon einer der Pfeiler im Donaustrom und zwei im Gerinne der neuen Donau angeordnet sind. Das Stromtragwerk wurde nach der Methode des klassischen freien Vorbaues, die Flutbrücke auf konventionellen Lehrgerüsten hergestellt. Alle Pfeiler und Widerlager sind mit bossiertem oberösterreichischen Granit aus dem Sauwald verblendet.
Bei einer vertragsgemäßen Baudauer von 38 Monaten hatte die Freigabe für Straßen- und Fußgängerverkehr entsprechend dem Anbot der bauausführenden ARGE „Johann Nestroy“ zu erfolgen. Die Eröffnung für den Autoverkehr fand termingemäß am 8. November 1980 statt, die U-Bahn, für die auch eine Station über der Donauinsel errichtet worden war, hat den Betrieb am 3. September 1982 aufgenommen. Die Baukosten beliefen sich insgesamt auf rund 910 Millionen Schilling.
Die Reichsbrücke liegt im Zuge einer der wichtigsten verkehrs- und städtebaulichen Entwicklungsachsen Wiens, einer Achse, die vom historischen Zentrum über das neue Internationale Zentrum bis zu den großen Wohn- und Erholungsgebieten im Osten der Stadt führt. Sie nimmt neben dem Autoverkehr die U-Bahn-Linie U1 auf, die Favoriten, das Stadtzentrum, die UNO-City, Neue Donau, Donauinsel, Alte Donau und den Stadtteil Kagran miteinander verbindet. Fußgängern und Radfahrern bietet sie Zugang zum Erholungsgebiet der Donauinsel. Sie ist eines der wichtigsten Verkehrsbauwerke der Bundeshaupt-

Die neue Reichsbrücke.

stadt Wien. Aber sie ist noch mehr. Der zu jener Zeit amtierende Bundespräsident Dr. Rudolf Kirchschläger verdeutlichte dies bei der Eröffnung der neuen Reichsbrücke am 8. November 1980: *„Die Reichsbrücke steht nicht nur symbolhaft für alle Wiener Donaubrücken, sie ist darüber hinaus auch ein Symbol für die Brückenfunktion Wiens. Wien war in der Monarchie die Reichsbrücke zwischen den Nationen. Als Hauptstadt des neutralen Österreich bildet Wien heute wieder eine Brücke zwischen den Völkern. Die Silhouette des Internationalen Zentrums neben der Reichsbrücke ist dafür ein kraftvoller Beweis."*
Die Abtragungsarbeiten der Behelfsbrücken begannen im Jänner 1978. Im Gegensatz zur Straßenbehelfsbrücke konnte die Straßenbahnersatzbrücke erst nach Inbetriebnahme der U-Bahn entfernt werden.

Die Praterbrücke

Die Praterbrücke ist ein Teil einer Autobahnverbindung, die von der Südautobahn bis in den Bereich von Kaisermühlen nördlich der Donau reicht beziehungsweise weiter nach Norden führt. Sie entlastet das Gebiet vom Durchzugsverkehr und hat die Lebensqualität der Menschen in diesen Stadtteilen erheblich verbessert.
Die Praterbrücke besteht aus drei Abschnitten:
Die Kaibrücke über den Handelskai ist zweiteilig: zwei Spannbetonfelder mit einer Stützweite von 39,8 und 40,20 Meter; die Strombrücke mit einer Länge von 413,20 Meter ist ein Stahltragwerk mit drei ungleichen Feldöffnungen von 82,50, 210 und 120 Meter. Die Spannweite ist damit größer als jene der Europabrücke. In der Schiffahrtrinne beträgt die Durchfahrtshöhe durchwegs mehr als 8 Meter über dem geplanten Stauziel eines Donaukraftwerkes in Wien;
Die Flutbrücke besteht aus zwei Spannbetontragwerken mit Feldern zu 52,70 Meter, viermal 51,2 Meter, 51,7 Meter, 29,10 Meter und sechsmal 28,5 Meter Stützweite.
Die Gesamtlänge des Bauwerkes beträgt rund 1 Kilometer.
Im Juli 1967 wurden Bodenuntersuchungen für die Fundierung des (einzigen) Strompfeilers der Brücke durchgeführt. Dann dauerte es mehr als ein Jahr, bis am 29. August 1968 der erste Stahlträger für das Stromtragwerk der Brücke eingehoben werden konnte. Die Arbeiten für die eigentliche Überquerung des Stromes begannen am linken Donauufer und wurden anschließend von beiden Ufern aus gegen den Strompfeiler vorangetrieben. Weitere 14 Monate später, am 16. November 1969, um 8 Uhr früh, begann die Einfügung des letzten Trägerstückes der Stahlkonstruktion.
Die Bauarbeiten an der neuen Brücke nahmen insgesamt etwa drei Jahre in Anspruch. Ende 1970 waren sie abgeschlossen und am 14. November 1970 konnten um 7 Uhr früh die Belastungsproben beginnen. Ergebnis: alles in Ordnung.
Die Verkehrsfreigabe wurde zu einem „Weihnachtsgeschenk“ für die Verkehrsteilnehmer: sie fand am 22. Dezember 1970 statt und umfaßte neben der neuen Donaubrücke auch eine 720 Meter lange Hochstraße durch den Prater als Teilstück der Südosttangente.
Ein schwerer Zwischenfall, der fast das Ende Brücke bedeutet hätte, soll nicht unerwähnt bleiben.
Es ist der 6. November 1969, 20.44 Uhr – an diesem Tag begann man mit der Einfügung des letzten Trägerstücks der Stahlkonstruktion, ein Zollwacherevisor hört auf seinem Rundgang unweit der vierten Donaubrücke einen „ohrenbetäubenden Knall“. Gemeinsam mit einem vom Donaukaibahnhof herbeigeeilten Bundesbahnbeamten versucht er, mit seinem Mopedscheinwerfer das Stahltragwerk beim rechten Ufer abzuleuchten. Der Zollbeamte verständigt um 20.50 Uhr den

Donaudienst beim Wachzimmer Mexikoplatz. Der Rayonsinspektor hört noch ein leicht knisterndes Geräusch im Tragwerk, als er bei der Brücke ankommt. Schon kurz nach 21 Uhr werden der Schiffsverkehr auf der Donau, der Zugsverkehr der Donauländebahn und der Autoverkehr auf dem Handelskai gesperrt. Die herbeigeeilten Techniker stellen fest, daß an zwei Stellen, und zwar im Mittelfeld, 27 Meter vom rechten Uferpfeiler, und in der Mitte des linken Seitenfeldes die Untergurte und Stegbleche beider Hohlkästen stark ausgebeult sind – an jener Stelle, an der die Brücke geschlossen worden war. Als Sofortmaßnahme wurde begonnen, das zuletzt eingesetzte Zwischenstück zu versteifen, um weitere Verformungen zu verhindern.

Zur Feststellung der Schadensursache wurde eine Gutachtergruppe herangezogen. Sie stellte fest:

• Die Gewichte der Konstruktion waren nicht so gleichmäßig wie berechnet verteilt. Dadurch ergaben sich an den späteren Schadensstellen größere Spannungen und kleinere Beul- und Tragunsicherheiten.

• Die Temperaturschwankungen am Tage der Montage des letzten Tragwerksstückes waren stärker als erwartet gewesen. Auch diese verringerten die Tragsicherheit.

• An sich wenig erhebliche Abweichungen von der rechnungsmäßigen Idealform kamen damit zum Tragen und hatten ebenfalls Anteil am Versagen der Konstruktion.

• Das Versagen des Kastenuntergurts an einer Stelle verursachte weitere Folgeschäden.

• Die Lagerung der Brücke war einwandfrei in Ordnung.

• Es gab in der statischen Berechnung des statischen Montagezustandes keine numerischen Rechenfehler.

• Es konnte kein Materialfehler festgestellt werden.

Zur Sanierung wurden vier 3 Meter hohe und 20 Meter lange geschweißte Träger, die beide Knickstellen überbrückten, eingebaut. Durch das Aufschneiden der Brücke an der Schadensstelle ergaben sich neue statische Verhältnisse. An der Brückenschlußstelle hatte sich allerdings auf einer Länge von 40 Meter eine „sanfte Einbuchtung" ergeben, die man auch heute noch mit freiem Auge sehen kann. Die Sanierungsmaßnahmen waren so umfassend, daß die Sicherheit voll gewährleistet werden konnte, wie auch die erfolgreiche Belastungsprobe zeigte. Bemerkenswert ist die Tatsache, daß in der Zeit, als die Praterbrücke einknickte, gleiche Schäden auch bei der Westgate Bridge in Melbourne, der Milford Haven Bridge in Wales und der Rheinbrücke bei Koblenz auftraten.

Der schwere Zwischenfall zeigt uns wieder einmal, daß der Mensch nicht unfehlbar ist, daß er aber mit seinen technischen Fähigkeiten auch Widrigkeiten meistern kann. Das 300 Millionen teure Praterbrückenbauwerk beweist es.

Die Stadlauer Ostbahnbrücke

Schon im Jahre 1836 wurde in Wien die erste Eisenbahnbrücke, die „Kaiser-Ferdinand-Nordbahnbrücke“ über die Donau geschlagen. Sie war – wie alle bis dahin gebauten Brücken – aus Holz, und die Nachteile dieser Holzbrücken führten immer wieder zu teuren und lang andauernden Reparaturen, so daß es ständig Anlaß zu Klagen gab.
Man entschloß sich daher in den siebziger Jahren des vergangenen Jahrhunderts, den Provisorien ein Ende zu setzen und zwei Straßen- und drei Eisenbahnbrücken in Eisenkonstruktion zu bauen. Bei Stadlau, dem wichtigsten Verkehrsknotenpunkt, wurde die erste stabile Brücke, die „Stadlauer Ostbahnbrücke“ geschlagen. Bei einer Gesamtlänge von 759 Meter wies das Bauwerk, bei der üblichen Teilung in Strom- und Inundationsbrücke, bereits ein fünfeldriges Durchlauftragwerk in Gitterkonstruktion zu je 80 Meter Stützweiten, auf. Da es sich bei der Stadlauer Brücke – Baubeginn 1868 – um einen Prototyp handelte, der nicht nur für andere Wiener Brücken, sondern auch für die Donaubrücken Linz und Mauthausen bestimmend war, und außerdem sich die Fundierung als äußerst schwierig herausstellte, muß die relativ kurze Bauzeit von nur zwei Jahren – schon 1870 wurde sie dem Verkehr übergeben – hervorgehoben werden.
Ein Bericht von der Eröffnung weist stolz darauf hin, daß der Bau „*. . . auch ohne nur einen einzigen Rüstpfahl einzurammen, ohne Laufgerüste, provisorische Verbindungsbrücken, Fangdämme und dergleichen, die bis in neueste zeit als unentbehrliches Rüstzeug eines Brückenbaues angesehen wurden . . .*“ vollendet werden konnte. Erschwerend war für den Bau, daß das endgültige Flußbett der Donau noch nicht feststand, wozu die hohe Wassergeschwindigkeit bei einem sich ständig verändernden Lauf sowie ein reger Schiffsverkehr kamen.
Bestimmend für die Fundierungsmethoden der nächsten Jahrzehnte war auch die bei der Stadlauer Donaubrücke gewählte Druckluftgründung. Dieses Verfahren wurde ursprünglich vom französischen Mineningenieur TRIGER im Jahre 1841 zum abteufen von Kohleschächten praktisch angewendet und von POTT als Gründungsverfahren von Bauwerken patentiert. Die genauen Kenntnisse für die Stadlauer Brücke stammten aber von CEZANNE, der diese Methode erstmals mit Erfolg auf unserem Kontinent anwendete.
Zu der ersten Ausführung bei Großprojekten gehörte die Stadlauer Eisenbahnbrücke. Die Bauausführung lag in den Händen der französischen Firma Castor & Co.
Die Länge der Caissons betrug bereits 15,75 Meter, und die übliche Senktiefe 15 bis 16 Meter. Dieses Tief war in der Regel durch das Erreichen des Wiener Tegels gegeben. Mit der Perfektion dieser Methode gehörte die alte Ausführungsform mittels Fangdämmen, Ausbaggern des Grundes und Wasserschöpfen der Vergangenheit an. Die Montage des 400 Meter langen Stromtragwerkes erfolgte,

nachdem zuerst die vordersten drei Öffnungen auf einem „Montierungsplateau" fertiggestellt waren, durch Längsverschub unter Verwendung eines 30 Meter langen und 34 Tonnen schweren Lancierschnabels im Frühjahr 1870. Der Verschubvorgang des ungefähr 1400 Tonnen schweren Tragwerkes wurde durch ein von Menschenhand betätigtes Getriebe mit 512facher Übersetzung bewerkstelligt.
Verschoben wurde das Tragwerk – die Konstruktion lieferte die französische Eisenbauwerkstätte Schneider & Co. aus Creuzot – über stationäre Rollen von 92 Zentimeter Durchmesser. Der Arbeitsfortschritt bewegte sich trotz mancher Unzukömmlichkeiten bereits in einer Größenordnung von 4 bis 5 Meter in der Stunde. Eine auffallende Abweichung zu anderen großen Brücken der damaligen Bauperiode ist erkennbar. Man verzichtete auf die großartigen Portalbauten, die die Brückenköpfe anderer Übergänge zieren, und beschränkte sich auf einfache, aber besonders geschmackvolle Portalrahmen.
Im Jahre 1932 war der Umbau der Stadlauer Brücke notwendig geworden, da das französische Schweißeisen der alten Brücke sich als kaltbrüchig herausstellte. Außerdem mußte den immer schwereren Verkehrslasten Rechnung getragen werden. Während man im Jahre 1870 noch mit einer Vergleichslast von 4 t/lfm für den Eisenbahnverkehr das Auslangen fand, erforderte beispielsweise im Jahre 1932 der N-Zug bereits Achslasten von 25 t/lfm.
Zur Erhöhung der Pfeilertragfähigkeit wurde ein damals neuzeitliches Verfahren angewendet, das darin bestand, durch Löcher flüssigen Zementmörtel unter Druck einzubringen, um allfällige Hohlräume oder Undichtheiten des Mauerwerkes auszufüllen und somit den Pfeilern zu homogenisieren.
Die Stahlbauarbeiten wurden bereits zum großen Teil von der Brückenbauanstalt Waagner-Biró AG durchgeführt. Die Auswechslung des Tragwerkes konnte unter Aufrechterhaltung des Verkehrs (ohne seitliches Ausschieben der Trasse) durchgeführt werden. Auch dies stellt eine Meisterleistung österreichischer Technik dar.

Schematische Darstellung der Wiener Donaubrücken (Stand 1982). ➡

NORDBRÜCKE	1439–1698 erste Holzbrücke über die Donau 1872 Nordwestbahnbrücke 1964 Nordbrücke
FLORIDSDORFER BRÜCKE	1698 Taborbrücke 1874 Kaiser-Franz-Joseph-Brücke 1924 Floridsdorfer Brücke (1976 gesperrt) 1978 neue Floridsdorfer Brücke
NORDBAHNBRÜCKE	1836 erste Eisenbahnbrücke aus Holz 1874 eiserne Nordbahnbrücke 1957 Neubau
BRIGITTENAUER BRÜCKE	(1982)
BEHELFSBRÜCKEN	(1976; werden abgebrochen)
REICHSBRÜCKE	1876 Kronprinz-Rudolf-Brücke 1937 Reichsbrücke (Kettenbrücke, Einsturz 1976) 1980 neue Reichsbrücke
PRATERBRÜCKE	(1970)
STADLAUER OSTBAHNBRÜCKE	(1870, 1932 Umbau)
ROHRBRÜCKE	(1961)
BARBARA-ROHRBRÜCKE	(1957)

DONAU

Nachwort zum zweiten und dritten Abschnitt

Ab Sarmingstein fließt die Donau auf niederösterreichischem Gebiet bis zur slowakischen Grenze und verläßt Österreich mit Stromkilometer 1872.700. Das dritte Bundesland, das an der Donau teilhat, ist Wien. Wie eine Insel wird dieses Bundesland – das zugleich Bundeshauptstadt ist – von Niederösterreich umfaßt. Der Wiener Bereich der Donau beginnt bei Stromkilometer 1937.730 (oberhalb Kuchelau) und endet bei Stromkilometer 1915.730 (Fischamend).

Ölleitungsbrücke (Rohrbrücke) bei Schwechat über die Donau.

Niederösterreich und Wien waren so wie Oberösterreich ein Teil von Ufer-Norikum bzw. Pannonien, und die Donau war Grenzfluß zu den Markomannen im Westen und den Quaden im Osten. Als das Erzherzogtum Österreich entstand, bildeten diese Gebiete „Österreich unter der Enns", um später Niederösterreich und Wien zu werden. Nach der kurzen „Reichsgauperiode" wurde wieder Niederösterreich und Wien daraus.
So wie im oberösterreichischen Abschnitt bestehen in Niederösterreich – besonders im Touristikgebiet und in der Wachau – noch etliche kleine Lokalfähren: Marsbach-Krumnußbaum (Personen), Pöchlarn-Kleinpöchlarn (mit Pkw-Überstellung), ebenso die Autofähren Mitterarmsdorf-Spitz und St. Lorenz-Weissenkirchen, weiters Rossatz-Dürnstein für den Personenverkehr.
Über die Alte und Neue Donau in Wien setzen kleine Privatfähren auch jetzt noch Passanten über, die es nicht eilig haben. Bald werden sie wohl die beschauliche Tätigkeit beenden.

Kriegsbrücken

In den zahlreichen Kriegen Österreichs und Ungarns mit der Pforte wurde um die Donau als die weitaus wichtigste Verkehrslinie vielfach gekämpft. Die kriegsführenden Heere hatten sowohl zur unmittelbaren Verteidigung des Stromes sowie zur Unterstützung der militärischen Operationen der Landheere schon zu Beginn jener Kriege bewaffnete Fahrzeuge in Gebrauch genommen. Der erste Organisator dieser Kriegsmittel war Kaiser Maximilian, welcher im Jahre 1514 in Wien, am alten „Kaiserwasser", eine Werft zur Erbauung armierter Donaufahrzeuge unter der Bezeichnung „Römisch-Kaiserliches Arsenal" eingerichtet hatte. Dieses „Schiffsarmement" stand durch fast dreieinhalb Jahrhunderte mit einer anderen Organisation in Verbindung, dem sogenannten „Obersten Schiffsmeisteramte", in welchem wir die ersten Keime einer das österreichische Kriegsbrückenwesen leitende Behörde zu erblicken haben.
Als 1620 die aufständischen Ungarn unter Bethlen Gabor sich in den Besitz von Preßburg gesetzt hatten und auf dem rechten Donauufer Wien bedrohten, während des Protestantenheer des Grafen Thurn aus Mähren gegen das Marchfeld vorrückte, tritt diese Behörde zum ersten Male in bemerkenswerter Weise in Tätigkeit. Das Oberste Schiffsmeisteramt erhielt den Befehl, alle auf der Donau in der Gegend befindlichen Schiffe zu zerstören.
Im nächstfolgenden Jahre findet die Erbauung einer Schiffsbrücke bei Hainburg, ein Jahr darauf die bei Nußdorf nächst Wien statt.
Im Jahr 1684 taucht das Projekt zur Aufstellung von mobilem Brückenmaterial auf, und bald darauf wird die Stelle eines „Stuck- und Bruchhauptmannes" kreiert. Die erste Maßnahme führte zur Organisation einer militärischen Flußabteilung, der sogenannten „Schiffs- und Brückenknechte". Auch diese militärische Flußabteilung kann, zusammen mit dem oben erwähnten Schiffsarmement, als Kern des heutigen Kriegsbrückenwesens in Österreich bezeichnet werden.
Zu Beginn des 18. Jahrhunderts wurden beim Bau von Kriegsbrücken große Fortschritte gemacht. Man unternahm Versuche mit Lederpontons, später solche mit Leinwandschiffen (aus hölzernen, mit Eisen beschlagenen Rahmen bestehend, welcher mit einer doppelt geteerten Leinwand bespannt wurde). Prinz Eugen nahm auch Versuche mit in Frankreich entwickelten Blech-Pontons vor, gab aber den nach dem System Becker konstruierten Lederpontons den Vorzug. Aber erst Maria Theresia sorgte durch eine durchgreifende Reform und Schaffung der *„Ponntonier-Compagnien"* für eine wesentliche Verbesserung. In der Zeit nach dem Siebenjährigen Krieg wurde in Klosterneuburg eine Schiffswerft ins Leben gerufen, um die notwendigen Brückenfahrzeuge herstellen zu können. Klosterneuburg blieb bis in unsere Zeit Mittelpunkt des österreichischen Pionierwesens.
Im Jahre 1805 betrug die Gesamtausrüstung 325 Pontons, wovon 200 in Klosterneuburg standen.

Bruno Brehm schildert in seinem Buch „Zu früh und zu spät" immer wieder die Einsätze der Kriegsbrücken anläßlich der Schlacht bei Aspern am 21./22. Mai 1809 – hier besiegte Erzherzog Karl Napoleon – und ebenso die Einsätze der Pontonniers in der Schlacht bei Wagram am 5./6. Juni desselben Jahres, in der Napoleon die Österreicher schlug:

„. . . Das Land liegt wie ein Teppich vor einem" erwiderte der Oberleutnant, „und mit diesem Teleskop von Gilbert konnte ich ganz genau alles ausnehmen, was von Ungarn heranmarschiert, und auch die zweimalige Zerstörung der Schiffsbrücken habe ich gesehen und gemeldet."

„Die Schiffsbrücken zerstört" stieß Kleist hervor.

„Zerstört und geflickt . . ." oder:

„Sehen sie auf dem anderen Ufer unterhalb Wiens die zwei Ortschaften? Das eine ist Simmering und dann, näher zum Strom, Kaiser-Ebersdorf. Auf der Simmeringer Heide kann man schon seit Tagen größere Truppenansammlungen wahrnehmen. Dort stellt wahrscheinlich der Gegner seine Korps zum Übergang bereit."

„Aber an dieser Stelle ist der Strom doch sehr breit?"

„Ja aber der Feind kann eine Sandbank benutzen, und dann hat er, ehe er zur Lobau kommt, noch eine Insel, den Schneidergrund . . .".

Die Neugestaltung des Kriegsbrückenwesens ist in der Folge unzertrennlich mit dem Namen des Leutnants Birago verbunden. Bei der Erprobung seines Laufbrückensystems am 10. August 1825 bei Langenzersdorf kam man zu besten Ergebnissen. Der zu überbrückende Donauarm war 70 Meter breit, 1,2–3 Meter tief und hatte eine Wassergeschwindigkeit von 2,21 m/sek.

Im Jahr 1843 wurde Biragos Brückensystem in die Organisation des österreichischen Kriegsbrückenwesens eingebaut und Jahrzehnte beibehalten.

Während der beiden Weltkriege war auch die Donau vielfach Kriegsschauplatz, und so manche Kriegsbrücke wurde von Freund und Feind über den Strom geschlagen. Das Brückengerät entwickelt sich in diesem Zeitraum wesentlich, wurde beweglicher, und besonders in den letzten Jahrzehnten bekam die Pioniertruppe die modernsten Geräte, die an Festigkeit und Transportmöglichkeit kaum zu überbieten sein werden, an die Hand.

Damit im Ernstfall alle Griffe sitzen, werden zu Manöverzwecken immer wieder mobile Stromübergänge gebaut. In Aschach, an der gleichen Stelle, an der die heutige Straßenbrücke die Donau überspannt, wurden bereits dreimal Kriegsbrücken geschlagen.

Die erste Pontonbrücke bauten die Pioniere am 12. September 1911 im Zuge von Manövern, die zweite, wieder an der selben Stelle, wurde von den Pionier-Bataillonen Nr. 2 (Linz) und Nr. 10 (Przemysl) in der Zeit von 12.–19. Juli 1913 über die Donau gebaut. Die dritte, standortgleich, wurde zwar von der Strombauleitung, aber im Auftrag der deutschen Wehrmacht im August 1938 gefertigt. Nicht vergessen darf aber die Tatsache werden, daß unsere Pioniere auch in vielen zivilen Einsätzen mit ihrem Brückenmaterial bereitstehen, um zu helfen. Denken wir nur an den Einsturz der Wr. Reichsbrücke im Jahre 1976. In einem Bericht von Oberst Ing. Karl Cserny in der truppeneigenen Zeitschrift „Truppendienst 1/1977" heißt es nach einem ausführlichen Bericht abschließend „. . . *Abschließend kann festgestellt werden, daß die Pioniere des Bundesheeres die an sie bestellten Aufgaben beim Bau der Straßenbahnersatzbrücke voll erfüllen konnten, sich ihre Ausrüstung bewährt hat und der Ausbildungsstand des Kaderpersonals und der Mannschaft, insbesonders der Spezialisten als ausgezeichnet bezeichnet werden kann. Über den Einsatzwillen braucht gar nicht gesprochen zu werden; er ist, wie die Erfahrung vieler Jahre lehrt, bei Einsätzen besonderer Art selbstverständlich. . .* ".

Kraftwerke, die über offene Straßenbrücken verfügen bzw. ihre Betriebsbrücken dem lokalen Verkehr zur Verfügung stellen

Zu Beginn der Kraftwerksplanung im Bereiche der Donau war man geneigt, gleichzeitig einen Brückenübergang für den öffentlichen Straßenverkehr zu schaffen. Man errechnete sich enorme Kosteneinsparungen, zumal die Kraftwerke zur Erhaltung und für mögliche Reparaturen Kranbrücken benötigen.
Die Erfahrungen zeigten aber bald, daß Betriebssicherheit und Verkehr nicht unbedingt in Einklang zu bringen sind. War beim Bau des Kraftwerkes Ybbs-Persenbeug die Planung so weit fortgeschritten bzw. beendet, um eine Ausgliederung der Straßenbrücke kosten- und zeitgemäß zu verantworten, wurde in Aschach schon getrennt gebaut.
In der Folge eine kurze Zusammenfassung der Donaukraftwerke und die Möglichkeiten, sie als Übergang zu benützen.

KW Jochenstein
Ist ein Gemeinschaftskraftwerk von Österreich und Deutschland. Als lokaler Grenzübergang nur für Radfahrer und Fußgeher.

KW Aschach
Wie eingangs erwähnt, wurden KW und Straßenbrücke getrennt gebaut.

KW Wilhering-Ottensheim
Hier gibt es neben der Kranbrücke eine Werksbrücke, die vor kurzem für den Rad- und Fußgeherverkehr freigegeben wurde.

KW Abwinden-Asten
Ebenfalls Kran- und Werksbrücke. Für Rad- u. Fußgeherverkehr.

KW Wallsee-Mitterkirchen
Die unterwasserseitige Brücke wurde als Straßenbrücke für den Werksverkehr ausgebildet, damit im Falle eines Hochwassers die Rückstaudämme an den beiden Ufern jederzeit kontrolliert und gesichert werden können. Für Radfahrer und Fußgeher.

KW Ybbs-Persenbeug
Über die ganze Kraftwerksanlage führt eine 530 Meter lange Bundesstraßenbrücke für den öffentlichen Verkehr. Die Anschlüsse dieser Brücke an die Bundesstraße an beiden Donauufern sind nach straßenbautechnischen Gesichtspunkten gestaltet.

KW Melk
Werksbrücke für Radfahrer und Fußgeher.

KW Altenwörth
Für Radfahrer und Fußgeher.

KW Greifenstein
Für Radfahrer und Fußgeher.

Die steinerne Brücke von Regensburg

Brücken als technische Bauten und manchmal auch als Kunstwerke sind naturgemäß relativ kurzlebige Dokumente unserer Zeit. Entweder sie genügen den Anforderungen der Zeit nicht mehr und müssen einem neuen Bau weichen, oder der Zahn der Zeit hat sie hinfällig werden lassen. Trotz genialer Ingenieurkunst sind oft auch technische Mängel am Niedergang solcher Brückenbauwerke schuld.

Regensburg kann sich rühmen, neben seinen vielen baulichen Denkmälern eine Donaubrücke zu besitzen, die es rechtfertigt, sich mit ihrer Geschichte etwas länger zu befassen.

Die „Steinerne Brücke“, wie sie seit Jahrhunderten genannt wird, erinnert an die Karlsbrücke über die Moldau in Prag oder an die Mainbrücke in Würzburg. Eigentlich müßte man umgekehrt formulieren, beide Brücken wurden ja viel später errichtet. Unübersehbar ist aber der Stil der römischen Brücken, wie er etwa dem von Kaiser Trajan im Jahr 104 befohlenen Brückenbau bei Turnu Severin eigen ist.

Heinrich der Stolze, ein junger Welfenherzog und Vater des späteren Heinrich des Löwen, ließ im Jahre 1135 mit dem Bau beginnen, und ein Reimspruch an der Brückensäule läßt erkennen, daß Fürst und Stadt den Bau in Angriff nahmen:

„Elf hundert dreißigfün im jar
Die tonaw was schier trucken gar
Do hertzog Heinrich mit der stat
Die brucken allhie begunen hat.
Das werk gebawt off vesten grund,
Eilf jar darnach gantz fertig stund.
Gut gleit fürbas of allen wegen
Geb gots genad und gottes segen.“

Die Brücke wurde im Jahr 1135 während einer noch nie dagewesenen sommerlichen Hitzeperiode, welche die Donau fast bis auf den Grund trockenlegte – so der Chronist –, begonnen und im Jahre 1146 vollendet. Nach 850 Jahren sind die Eichenpfähle, die Fundamente der Brückenpfeiler noch intakt. Da sie stets unter Wasser stehen, können sie nicht faulen und werden immer härter. Die 350 Meter (laut Heksch 316) lange Brücke überspannt mit 16 halbkreisförmigen Bögen Regensburg über zwei Landzungen der Donauinseln – oberer Wörhd und unterer Wörhd – mit dem Stadtteil Stadt am Hof. Es ist kein leicht auf Holzstreben gelegter Steg, sondern eine in den Strom gerammte Mauer mit 15 Öffnungen, um Fluß und Schiffahrt nicht zu behindern.

Die vorher schon genannten Eichenpfähle wurden ringförmig – ein äußerer und ein innerer Ring – in das Flußbett geschlagen. In den Zwischenraum des Ringes

Die Steinerne Brücke Regensburg. Erbaut 1145–1146.

füllte man Steine und Geröll, das innere Pfahlbündel wurde zum Fundament für die Pfeiler. Der Umstand, daß die Brücke nicht in gerader Linie verläuft, sondern einen stumpfen Winkel bildet, dessen Flächen sich in der Mitte des siebten Bogens berühren, deutet darauf hin, daß die Brücke sowohl von Regensburg als auch von Stadt am Hof aus gebaut wurde. Auch die verschiedenen Breiten zwischen 4,5 und 5,5 Meter deuten auf zwei Bauausführende hin.

Auf alten Ansichten sieht man noch drei Brückentürme, es blieb aber nur der am Regensburger Ufer übrig.

Die Steinerne Brücke ist heute für 12 Tonnen zugelassen, Brückenbauer versichern aber, daß sie ohne weiteres 60 Tonnen tragen könnte. Im Jahre 1935 wurde die Nibelungenbrücke gebaut. Bis zu diesem Zeitpunkt bildete die damals schon 800 Jahre alte Steinbrücke die einzige feste Verbindung zwischen den beiden Ufern.

In den immer wieder auftretenden Kriegen, von denen auch Regensburg nicht verschont blieb, wurde versucht, die Brücke zu zerstören. Zuletzt jagte ein Sprengkommando 1945 zwei Bogen und einen Pfeiler in die Luft, amerikanische Pioniere halfen aber mit einer Behelfsbrücke aus. Es dauerte einige Jahre, bis die „Steinerne" wieder ihr altes Bild zeigte. Nur die helleren Steinquader deuten auf ausgebesserte Stellen hin.

Bedeutende Privilegien waren mit dem grandiosen Bauwerk verbunden, die Oberaufsicht wurde als Ehrenamt betrachtet und stets von einem Ratsherrn der Stadt versehen. Auch ein eigenes Siegel mit der Umschrift *„Sigillum gloriosi ponti* *ratisponensis*" hatte die Brücke. Streitigkeiten – sogar das Ziehen der Waffen – wurden streng bestraft, wie z. B. mit dem Verlust der rechten Hand.

Es war daher auch nicht verwunderlich, daß sich ein Sagenkranz um die Brücke wob. Eduard Duller erzählt in seinem Buch „Die Donau", erschienen im Verlag Lothar Borowsky in München, die Sage vom Meister und seinem Lehrling. Sie soll stellvertretend für viele alte Erzählungen wiedergegeben werden:

„ . . . *Die Sage verbindet die Erbauung dieser Brücke mit der (um fast anderthalb Jahrhunderte späteren) des Domes und meldet, daß der Baumeister der letzteren mit seinem Lehrling, der die Brücke erbaute, gewettet habe, wer von beiden sein Werk zuerst vollende. Da habe der Lehrling, da er an seinen Sieg zweifelte, den Bösen angerufen und ihm, wenn er das Werk fördere und zur früheren Vollendung helfe, die Seelen von drei Geschöpfen verschrieben, die zuerst die fertige*

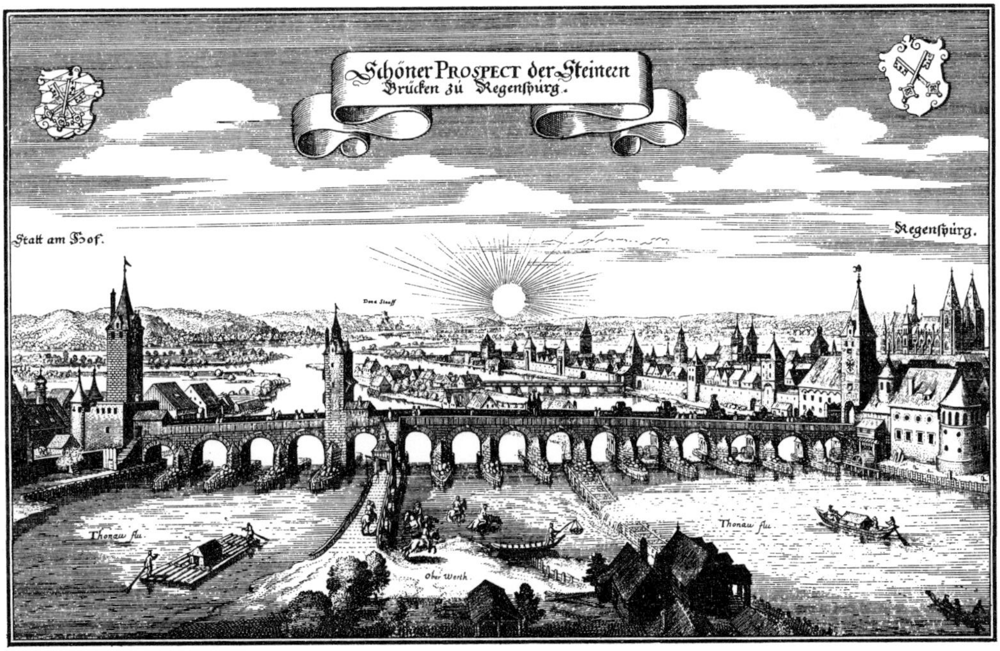

Ansicht der Steinernen Brücke aus dem Jahre 1644 von M. Merian

Brücke betreten würden. Der Böse hielt Wort, und die Brücke wurde früher vollendet als der Dom. Wie nun der Meister vom Gerüst die fertig gewordene Brücke gesehen, habe er sich voller Verzweiflung herabgestürzt. Der Lehrling aber habe den Bösen schlau überlistet und, bevor er einen Menschen auf die Brücke gelassen habe, einen Hund, einen Hahn und eine Henne auf diese getrieben, die der Teufel erhascht und, da er sich betrogen sah, voll Wut zerrissen habe; zum Gedächtnis seien die Steinbilder der drei Tiere auf der Brücke eingesetzt worden; noch viele andere Wahrzeichen wurden auf dieser gewiesen, und noch heute zeigt man „den größten und den kleinsten Stein einander . . .".

Schließen wir den absichtlich sehr ausführlichen Bericht über die Steinerne Brücke zu Regensburg mit den Worten des Schriftstellers und Journalisten der Aufklärung – Wilhelm Ludwig Wekherlin (1739–1792):

Wunderwerk Deutschlands

Die alte Geographie zählte die Brücke, worüber man von der Stadt in den Erdkreis des Churfürsten von Bayern geht, unter die Wunderwerke Deutschlands. Sie ist stark, und völlig in lombardischen Styl. Allein die Geographie konnte sie, ungeachtet der Wunderstärke, welche sie ihr beylegt, doch nicht vor sehr beschwerlichen Ausbesserungen beschützen, die ihr der Eisstoß jedes Jahr zuziehet, und welche die Schatzkammern der Stadt Regenspurg sehr scheniren.

Sie hat es verdient.

Die Trajansbrücke zur Zeit der Römer

Der römische Kaiser Trajan war in der Geschichte der Donaureiche wohl einer der bekanntesten. Lange vor ihm siedelten schon die verschiedensten Völkerstämme an der unteren Donau, teilweise friedlich, dann wieder kriegslüstern. Rom faßte etwa 90–57 v. Chr. festen Fuß an der unteren Donau. Um diese Zeit waren die Daker, unter ihrem mächtigen (dakischen) König Burvista, die Beherrscher zwischen Donau und Theiß. Die ganze zweite Hälfte des ersten Jahrhunderts n. Chr. war von Expeditionen und Maßnahmen der Römer gegen die unruhigen Nachbarn nördlich der Donau geprägt.

Die Trajansbrücke.

Aber erst Kaiser Trajan konnte 106 n. Chr. die endgültige Einverleibung Dakiens erreichen. Unter seinem Vorgänger, Kaiser Domitian, waren die Daker unter König Dekebalus neu erstarkt. Schon im Jahre 100 n. Chr. ließ Trajan eine Militärstraße in der Donauenge zwischen dem heutigen Bazias und Orsova bauen. An dieses großartige Bauwerk erinnert die seinen Namen führende „Trajanstafel". Mittels zweier Schiffsbrücken setzte er dann mit seinem riesigen Heer an zwei verschiedenen Stellen über die Donau. 102 n. Chr. lieferten die Römer bei Tapae dem Feind eine blutige Schlacht, und Dekebalus mußte Frieden schließen, suchte aber bald wieder Händel. So wurde neuerlich zu einem Krieg gerüstet. Zur Vorbereitung ließ Trajan eine feste Brücke über die Donau bauen, er holte sich 105 n. Chr. den berühmten Baumeister Apollodorus von Damaskus für sein Unternehmen.

„ . . . Der Bau begann auf dem linken Ufer. Auf einer in den Fluß vorspringenden Landzunge wurden die ersten Pfeiler gemauert, ein nach ihrer Vollendung zwischen ihnen angelegter Canal empfing sodann die Hauptmasse des Flusses. Damit war sicheres Wasser im Thalwege gewonnen, um die anderen Pfeiler zu erbauen, deren Zahl zwanzig betrug und zwar in Entfernungen von ca. 63 Metern. Die Pfeiler bestanden aus gemischtem Mauerwerk mit Quaderverkleidung, die Bogen der Spannungen sowie die Gallerie, aus Holz.“
(Vergl. J. Dierauer „Die dakischen Expeditionen“).
„Von der Brücke hat Inspector Bozich einen genauen Plan in großem Maßstab hergestellt, der sich im Besitz der Donaudampfschiffahrtsgesellschaft befindet.
Dieser vorstehende Bericht über den Bau der Brücke ist dem Buch „Die Donau, als Völkerweg-, Schiffahrtsstraße und Reiseroute“ von Am. Freiherr von Schweiger – Lerchenfeld, erschienen 1896 bei Hartleben, Wien/Leipzig/Budapest wortgetreu entnommen.
Bei Turnu Severin, genau bei Stromkilometer 928.900, finden wir die Reste der steinernen Brückenpfeiler dieses Wunderwerkes der römischen Baukunst. Auch die Fundamente der Pfeiler sind auf dem Stromgrund zu finden.
Die Brücke ist übrigens nicht zerfallen. Aus Angst vor den angreifenden Barbaren aus dem Norden ließ Kaiser Hadrian den Donauübergang wieder einreißen.
Wieder ist bei einer Brückenbeschreibung weiter ausgeholt worden, aber es gibt Bauwerke, die verdienen, daß man sich intensiver mit ihnen befaßt. Die Trajansbrücke gehört ganz bestimmt dazu.

Erläuterungen von Fachausdrücken, die in den Kapiteln der Überfuhren vorkommen

Waidzillen: Überfuhrzillen für den Personenverkehr.

Plätten od. Mutzen: Für den Güterverkehr.

Überfuhrzillen: Meist 7.5 m lang und 1.10 m breit. Die Wandhöhe 40–50 cm. Fortbewegt wurde die Zille mit zwei Rudern, einem vorderen Antauchruder und einem hinteren Steuerruder, dem „Reibnruder". Mit diesem wurde nicht nur gesteuert, sondern auch angetaucht.

Mutzen: Etwa 33–66 Wiener Fuß lang, 6–12 Fuß oben und 5–11 Fuß unten, Höhe 18–32 Zoll (um 1865). Die Tragfähigkeit betrug ca. 60 bis 250 Wiener Zentner. Überfuhrmutzen waren vorne und hinten gleich breit, um mit den überführenden Fahrzeugen ein- und ausfahren zu können.

Fliegende Brücke: Ab der 1. Hälfte des 19. Jahrhunderts. Das Überfuhrschiff bestand nun meist aus zwei hölzernen, mit einer gemeinsamen Bühne überbrückten Schiffen, das man an einem langen, im Strom verankerten Seil befestigte, das über eine Reihe von Furkelzillen geleitet wurde, die das Seil über Wasser hielten. Als Antrieb wurde die Strömung des Wassers ausgenützt.

Rollufer-Rollfähre-Drahtseilfähre: Um die Jahrhundertwende.

Der Unterschied zwischen Fliegender Brücke und Rollfähre besteht darin, daß das Zugseil (Gierseil) nicht im Strom verheftet, sondern mit einem Drahtseil oberhalb des Stromes verbunden ist. Das starke Drahtseil ist in der Regel an beiden Ufern auf hohen Türmen aufgelegt, so daß die Donauschiffe jetzt ungehindert durchfahren können, was bei den Fliegenden Brücken nicht der Fall war. Heute noch verkehrende Seilfähren haben durchwegs eiserne Schiffskörper.

Ferge (Förg): Überführer.

Furkelzille: Hält das Seil der Fliegenden Brücke über Wasser.

Furkel: Drehbare Eichenholzgabel der Furkelzille.

Gierseil: Zugseil bei Rollfähren usw.

„Hol über": Ruf nach dem Überführer.

Reibnruder: Antauchruder bei Überfuhrzillen u. Zillen.

Uafa (Uferplätten): Holzschiff zum Überführen.

Überfuhr-Gerechtigkeit: Konzession zum Betrieb einer Überfuhr.

Urfahr (Urvar): Überfuhr.

Hölzerner Godern: Die Donaubrücke aus Holz zwischen Stein und Mautern.

Literaturverzeichnis

Kilometerzeiger für die Donau. Regensburg – Sulina DDSG Wien 1959.
Otto Meißinger, Die historische Donauschiffahrt. Melk 1975.
Franz Pfeffer, Die Linzer Fernstraßen. – Ein Beitrag zur Verkehrsgeschichte von Linz. Jahrbuch d. Stadt Linz 1953.
Donaubrücke Niederranna. Festschrift anläßlich der Eröffnung und Einweihung am 17. Okt. 1980. Amt d. Oö. Landesregierung 1980.
Die Donaubrücke Aschach. Festschrift zur Brückenweihe am 16. Dezember 1962. Amt d. Oö. Landesregierung 1962.
Werner Josef Promintzer, Aschach an der Donau, Bd. 2. Heimatbuch und Landeskunde. Aschach/Linz 1989.
Die Donaubrücke Aschach. Festschrift zur Brückenweihe am 16. Dezember 1962. Amt d. Oö. Landesregierung 1962.
Reg.-Rat Walter Steiner. Ottensheim und die Überfuhr. Ein kurzer geschichtlicher Überblick. o. J.
Schiffswerft Linz AG. Protokoll über den Stapellauf eines Fährschiffes für die Drahtseilbrücken Ges. m. b. H. Ottensheim/Linz, am 25. März 1964.
Die Linzer Donaubrücken. Festschrift zur Eröffnung und Weihe der zweiten Linzer Donaubrücke im Dez. 1972. Amt d. Oö. Landesregierung 1972.
Linzer Zeitung v. 7. Mai 1868. Der Brückeneinsturz zu Linz.
Hanns Kreczi. Die Linzer Donaubrücke. Schriftenreihe Linz – Erbe und Sendung. Linz 1942.
Franz Aschauer, Oberösterreichs Eisenbahnen. Geschichte des Schienenverkehrs im ältesten Eisenbahnland Österreichs. Oö. Landesbaudirektion/Bd. 18. Wels 1964.
„Blick“ Mitarbeiterzeitschrift der VOEST-ALPINE 2/82.
Dr. Otto Wutzel (Hg.), Die Linzer Donaubrücken, Linz 1972 (mit Beiträgen v. J. Aichhorn u. Otto Schimetta).
Franz Aschauer, Oberösterreichs Eisenbahnen.
Dr. Franz Pfeffer, Oberösterreichs Donaubrücken. In „Die Donaubrücke Aschach“, Festschrift zur Eröffnung der Brücke Aschach am 16. 12. 1962.
RoBr. Dipl.-Ing. Walter Kotrschal Linz, „Die Steyreggerbrücke“. 1982.
Ing. Karl Scharmüller, Donaubrücke Mauthausen. In: „Die Donaubrücke Aschach“. Festschrift zur Eröffnung der Brücke Aschach am 16. 12. 1962.
Donaubrücke Grein, Festschrift anläßlich der Eröffnung am 24. September 1967. Oö. Landesbaudirektion Linz, 1967.
Donaubrücke Grein, Festschrift anläßlich der Eröffnung am 24. September 1967, Oö. Landesbaudirektion Linz, 1967.
Helmut Pemsel, Donauübergänge. Aus „Die Donauschiffahrt in Niederösterreich“. Wissenschaftliche Schriftenreihe Niederösterreich, 77/78 Niederösterreichisches Pressehaus St. Pölten-Wien.
Denkschrift über die Projektierung und Errichtung einer Donaubrücke im Raum Melk sowie die Entschließung des Gemeinderates der Stadt Melk vom 27. Feb. 1967.
Gutachten über die Fundierung der Donaubrücke bei Melk und Bauberichte aus dem Archiv der Baudirektion der Nö. Landesregierung in Wien.
Erwin Plöckinger, Der Bau der eisernen Reichsbrücke zwischen Stein und Mautern 1893 bis 1895.
Aus Alt-Krems. – Festgabe zum Neunhundertjährigen Jubiläum der ersten urkundlichen Erwähnung der Stadt Krems. Städtisches Museum Krems 1895.
Kremser Wochenblatt Jahrg. 1885, Nr. 13.
Nö. Presse Jahrgang 1893, Nr. 62.
Dipl.-Ing. Novak, Österr. Bundesbahnen/Dion Wien Abteilung Brückenbau.
Friedrich Schneider, „Donaubrücke Tulln“.
„Österreichischer Donaubrückenverein“ 1020 Wien, Rathmayergasse 41. Wien 1989.

Franz Müllner, „Bad Deutsch-Altenburg“. Von der Frühzeit bis zur Gegenwart. Marktgemeinde Bad Deutsch-Altenburg 1973.
Dr. Bertrand Michael Buchmann und Harald Sterk, In: „Der Donaukanal“ Geschichte – Planung – Ausführung, Band 14 der Reihe „Beiträge zur Stadtforschung, Stadtentwicklung und Stadtgestaltung“. Magistrat der Stadt Wien, MA 19 1984.
„Wiener Brücken“, herausgegeben von der GEWISTA – Werbegesellschaft m. b. H. in Zusammenarbeit mit dem Magistrat der Stadt Wien und dem Verlag Jugend und Volk. Wien 1982.
„Der Aufbau“, Fachschrift der Stadtbaudirektion Wien. Aus folgenden Nummern: 9/11–77; 12–78; 9/10–79 6/7–80; 5/–81; 2/3–83.
Wladimir Aichelburg, „Kriegsschiffe auf der Donau“. Militärhistorische Schriftenreihe – Heft 37. Heeresgeschichtliches Museum Wien 1978.
Bruno Brehm, „Zu früh und zu spät“. Das große Vorspiel der Befreiungskriege. Piper & Co. München 1936.
Oberst Ing. Karl Cserny, Truppendienst 1/1977.
„Donaustrom“ Österreichische Donaukraftwerke AG/DONAUKRAFT Wien 1984.
Diverse Einzelpublikationen der DONAUKRAFT.
Alexander F. Heksch, „Die Donau von ihrem Ursprung bis an die Mündung“. Hartleben Wien, Pest, Leipzig 1881.
Wilhelm Ludwig Wekherlin (1739–1792). In: „Begegnung mit Regensburg“ v. Eberhard Dünninger. Pustet 1972.
Eduard Duller, „Die Donau“ – Verlag L. Borowsky München. Georg Wiegand verlegte 1840 bis 1860 in Leipzig in zehn Bänden „Das malerische und romantische Deutschland“.
Amand Freiherr von Schweiger – Lerchenfeld, „Die Donau, Völkerweg, Schifffahrtsstraße und Reiseroute“. A. Hartleben, Wien/Pest/Leipzig 1896.
Ernst Neweklowsky, „Die Schiffahrt und Flößerei im Raume der oberen Donau“. Band 1/2/3. Landesverlag Linz 1952/54.
Otto Meißinger, „Die historische Donauschiffahrt“. Schriftenreihe des Schiffahrtsmuseums Spitz/Donau. Band 1, Melk 1975.
Weiters: Einsicht in Gemeindechroniken, z. B. der Marktgemeinde Ottensheim, sowie dem Kulturamt der Stadt Krems.
Gespräch mit dem Geschäftsführer der „Drahtseilbrücken Ges. m. b. H., Herrn Reg.-Rat Walter Steiner. usw. usw.
Senatsrat Dipl.-Ing. Hufnagl, MA 29 Wien.
Oberbaurat Dr. Michlmayr, MA 45 Wien.

Für all diese Hilfe bedanke ich mich auf diese Weise.

Bildnachweis

Archiv Waagner-Biró, Wien:	Seiten 77, 84, 110, 114, 115, 118 (oben, Mitte)
G. Aigner, Linz:	Seiten 25, 30, 42, 46, 48, 50, 54, 57
R. Hagenauer, Ottensheim:	Seiten 32, 35
Fr. H. Titze-Clodi, Linz:	Seite 39
M. Wöhrl, Linz:	Seite 130

„Der Donaukanal“. Geschichte – Planung – Ausführung. Magistrat der Stadt Wien, MA 19:
Seiten 91, 92, 94, 99, 102, 105, 129

„Wiener Brücken“. Hrsg. v. GEWISTA mit Magistrat der Stadt Wien und Verlag Jugend u. Volk:
(Fotos Robert Hutterer, Wien) Seiten 88, 89, 118.

Alle anderen Bilder aus dem Archiv des Verfassers.